身近な素材で
手軽に！楽しい！

0・1・2歳児

手作り
おもちゃ

猪狩聖子 監修

ナツメ社

手作りおもちゃの役割とは

みたか小鳥の森保育園
元園長　猪狩聖子

主体的に遊びを見つけられるようになるための手作りおもちゃ

　手作りおもちゃは、子どもたち一人ひとりの「今」の発達と、「次」の育ちにつながる遊びを提供できるのがよいところです。量産したり、子どもの興味・関心に応じてアレンジしたりすることもできます。

　「こんな姿が見られたから、おもちゃでこんな遊び方をするかな？」と思いを寄せながら作る過程も愛おしいものです。そうしてできた手作りおもちゃは、ただ提供するのではなく、そばで安心できる保育者が見守り、子どもがふと共感を求めたときに、応答的に関わることで、完成と言えるのかもしれません。

　また、子どもの遊びと生活は、それぞれ単体ではなく、地続きのもの。発達に合わせた手作りおもちゃを十分な数用意し、遊び込める環境や没頭できる時間を保障することで、やがて、主体的に遊びを見つけたり生み出したり、友だちと協力して遊ぶことにつながっていく…。子どもの"生きる力"をも育む手作りおもちゃは、そんな役割も担っているのではないかと思います。

各年齢の発達と
おもちゃ設置のポイント

人数分のおもちゃを用意し、安心・安全な空間を保障する

　0歳児では、はいはいやお座りなど、運動面の発達が特に顕著です。6か月頃にかけて目と手の協応が始まり、ものをつかんで口に入れたり引っ張ったりなど、手指を使った探索活動が活発に。8か月頃からは人見知りが始まるため、信頼できる大人と愛着関係を築くことがより大切です。子どもにとって安心できる環境でこそ、子どもの成長が育まれていきます。

　一方、10か月頃からの指さしに、保育者が「ワンワンいたね」などと応答的に関わることで、三項関係が成立します。社会性の第一歩です。

　おもちゃの環境設定では、同じおもちゃを欲しがるので、適切な数のおもちゃを揃えましょう。また、発達の差が大きいので、安全を守る環境構成が大事です。遊びの空間を区切る他、伝い歩きにも便利なサークルの活用もおすすめです。また、まだ一緒には遊べませんが、友だちの存在が気になり出すこともあるため、子ども同士がくっつきすぎない設置が望ましいでしょう。

お互いの気持ちを代弁し、子ども同士をつないでいく

　歩行が安定して、走ったり跳んだりする意欲が高まり、速い・遅い、高い・低いなどの違いも少しずつ理解していきます。手指の巧緻性が高まり、徐々に細かいおもちゃも楽しめるようになってきます。また、象徴機能が発達して、作ったものを何かに見立てる、つもり遊びが出てきます。

　一方で、自我の芽生えにより、自己主張をしたり、気に入ったものを独占しようとしたりします。身の回りのことも自分でしたがる他、自分の要求をだんだんと言葉で表せるようになってきますが、まだまだうまく伝えられない場面が多いので、かみつきやひっかきが多い年齢でもあります。そのため、保育者が子どもの気持ちを代弁する援助で、子どもたちのやりとりをつなげていきましょう。

　おもちゃの取り合いが多い時期なので、空間の確保や、体を動かすことと合わせて、ひと息つけるように空間を分けるような配慮が必要です。一人用のマットなどを活用して、遊ぶスペースを示すのもよいでしょう。

時間をかけて取り組めるよう
遊ぶスペースを分ける

　運動面では、走る、跳ぶ、よじ登るなどの動作ができるようになります。三輪車を漕ぐなど、「〜しながら〜する（漕ぎながら操作する）」動きも獲得していきます。生活面では、大人に依存していたことが、やがて自立に向かい始めます。

　また、友だちがやっていることに挑戦して達成感を味わったり、手をつないで散歩に行ったりするなど、子ども同士が関わる場面がぐんと増える頃です。遊びの中でも、見立て遊びやごっこ遊びが活発になり、2〜3人でイメージを共有して遊ぶ姿が見られるようになっていきます。

　経験を重ねて、文章での会話がだんだんとできるようになってくるので、子どもが言葉にしたことを共感して認め、自信をもたせる援助を意識しましょう。

　環境構成の面では、積み木を高く積むなど、じっくりと遊び込むことが増える時期。中断されずに遊びながら想像を膨らませられるよう、空間を適切に保ちましょう。机上遊びができるスペースも設けて、遊びのメリハリがつく空間作りを。

手作りおもちゃの役割とは	2
おもちゃ作りのポイント	10
「おもちゃ選び」と「遊びの展開」の視点	12
0～2歳児の発達のめやす	14
本書の特長	18

Part 1

五感のおもちゃ

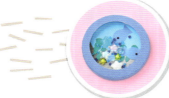

おもちゃ名	対象	遊び方	ページ
いろいろ羽のちょうちょ	0歳児 1歳児	触る・比べる・確かめる	22
カシャカシャタグきょうりゅう	0歳児	つまむ・引っ張る・聴く	24
詰め替えだきまくら	0歳児 1歳児 2歳児	寝転ぶ・乗る・座る	26
カプセルリストマラカス	0歳児	振る・鳴らす・握る	28
ぽっとんないない	0歳児 1歳児	落とす・押し込む・引っ張る	30
マグネット福笑い	0歳児 1歳児 2歳児	見る・認識する・貼る	34
海のお魚メリー	0歳児	見る・触る・確かめる	36
コロコロセンサリーボトル	0歳児 1歳児	見る・はいはい・握る	38
あおむしくんカップ	1歳児 2歳児	入れる・調節する・つなげる	41
スポンジシートの型合わせ	1歳児 2歳児	形・色・考える	44
にぎにぎお手玉	1歳児 2歳児	握る・比べる・見立て	46
めくってカーテンボード	0歳児 1歳児	見る・伝える・めくる	48

空き箱&マグネット缶のオーシャンドラム	0歳児 1歳児 2歳児	聴く・振る・鳴らす	50
カラフル光集め	0歳児 1歳児 2歳児	色・見る・比べる	52
カポッとスポッと！集めてフィット	2歳児	はめる・集める・調節する	55

Part 2 手指・動作のおもちゃ

ループエンドとボタンのぱっちん	0歳児 1歳児	つまむ・引っ張る・調節する	60
ループ布&引っ張りチェーン	0歳児 1歳児	引っ張る・引き出す・確かめる	62
面ファスナーはがし	1歳児 2歳児	はがす・くっつける・つかむ	65
フェルトのおいも抜き	1歳児 2歳児	引っ張る・たぐり寄せる・食育	68
形イロイロぽっとん落とし	0歳児 1歳児	つまむ・落とす・選ぶ	70
段ボールカー&ベビーベッド	0歳児 1歳児 2歳児	歩行・乗り降り・見立て	73
かくれんぼバス	0歳児 1歳児	引っ張る・見る・探す	76
カラカラルーレット	0歳児 1歳児 2歳児	手首を上下する・つまむ・見る	78
突っ張りトンネル	0歳児 1歳児	はいはい・触る・見る	80
図形の型はめパズル	0歳児 1歳児	形・色・はめる	82
お散歩ぞうさん	0歳児 1歳児	歩行・引っ張る・愛着	84

7

項目	対象	内容	ページ
ポチッと！ボックス	1歳児 2歳児	押す・ごっこ・比べる	86
つまんでひねって取っ手ボード	1歳児 2歳児	つまむ・ひねる・回す	88
くっつき的当て	1歳児 2歳児	投げる・色・はがす	90
卵のスナップ	1歳児 2歳児	スナップ・やりとり・くっつける	92
ペーパー芯のひも通し	0歳児 1歳児	つかむ・通す・考える	94
着せ替えアームカバー	1歳児 2歳児	伸ばす・はめる・引っ張る	97
スポンジ型はめ	1歳児 2歳児	形・落とす・はめる	100
S字フックのフルーツの木	0歳児 1歳児	引っかける・つまむ・つなげる	102
野原の滑り台	0歳児 1歳児 2歳児	はいはい・歩行・滑る	104
ふきふききれいきれい	2歳児	消す・探す・たどる	107
あーん、パックン！	0歳児 1歳児 2歳児	つかむ・落とす・ファスナー	110
どんぐり迷路	2歳児	転がす・操作する・考える	112
お花のボタンつなぎ	2歳児	ボタン・通す・つなげる	114

番外編

遊びの幅が広がる 素材を楽しむおもちゃ

- 自然物 ……………………………………… 116
- プールスティック ………………………… 120
- 丸シール・ビニールテープ／新聞紙・紙 …… 124
- 花はじき・チェーンリング ……………… 128
- オーガンジー ……………………………… 132

おもちゃ	対象	キーワード	ページ
やわらか積み木	0歳児 1歳児 2歳児	重ねる・調節する・見立て	138
変わりマント&ステッキ	1歳児 2歳児	空想・面ファスナー・ごっこ	142
お着替えくるくる	1歳児 2歳児	組み合わせる・やりとり・想像	144
どこでも輪っか棒	1歳児 2歳児	面ファスナー・つなげる・見立て	147
手袋パペット	0歳児 1歳児 2歳児	やりとり・はめる・空想	150
お買いものごっこ	2歳児	ごっこ・比べる・食育	152
コロコロ坂道ボール	0歳児 1歳児	転がす・比べる・操作する	155
お野菜収穫畑	1歳児 2歳児	引き抜く・さし込む・食育	158
縫わない食べもの	1歳児 2歳児	ごっこ・詰める・食育	160
おんぶリュック&ウエストポーチ	1歳児 2歳児	背負う・ファスナー・ごっこ	162
折り畳み段ボールハウス	0歳児 1歳児 2歳児	ごっこ・開ける・かがむ	165
変形パーテーション	0歳児 1歳児 2歳児	安心・つかまり立ち・空想	168
ジョイントマットキッチン	1歳児 2歳児	見立て・ごっこ・やりとり	172

おもちゃ作りのポイント

手作りおもちゃが豊富にある、みたか小鳥の森保育園。
猪狩先生に、手作りおもちゃの特長と、安全のためのポイントを聞きました！

1 一人ひとりの発達に合わせて作れる

　手作りおもちゃは一人ひとりの子どもを知っているから作れるのではないでしょうか。今の発達から、どんな遊びを求めているのかを考え、形にできるものだと思います。
　例えば、着脱の時期なら定番のボタンはめのおもちゃ。出し入れを楽しむ時期には、タッパーのぽっとん落としなどがありますね。ぽっとん落としなら、初めのうちは穴を大きめに入れやすく作り、上達したら穴を小さくするといった調整に、気兼ねなく手を加えられるところも手作りおもちゃのメリットです。

2 貼り重ねて丈夫&清潔を保つ

　段ボール箱を二重にしたり、透明テープやリメイクテープを重ねて貼ったりすることで、しっかりと補強します。特に0歳児は何でもなめるので、部分的に消毒する場面が多いことを考えると、透明テープやリメイクテープを全面に貼っておくと、拭きやすくおすすめです。
　布おもちゃは、必ず消毒液をスプレーして、天日干しに。午前と午後で遊ぶおもちゃを分けて、それぞれ消毒しています。プラスチックのおもちゃは消毒液につけたり拭いたりして清潔をキープします。

3 コストを抑えながら十分な量を用意できる

材料調達でよく行くのはやっぱり100円均一です。バリエーションが豊富で、意外と壊れづらいので重宝しています。他には、ガシガシ洗濯することを踏まえて、布ものは生地屋さんで用意することもあります。コストを抑えられるからこそ、満足できる数が用意でき、安全面や衛生面を含めて惜しみなく活用することができます。

4 装飾でオリジナルに

同じおもちゃを毎年作ったとしても、その年度の個人マークをモチーフにしたり、子どもたちの興味・関心に合わせたりするため、世界に一つだけのおもちゃになるところも魅力の一つです。また、子どもに人気でよく遊ばれるおもちゃは、ものによっては何度も布を貼り重ねて補修します。補強になり、装飾が変わると、今まで遊ばなかった子に遊びが広がることも。色使いの基本は、子どもの目に優しい色合いを用いつつ、おもちゃのメインとなる部分は視認しやすいはっきりとした色を使うこと。うるさくならずに遊びやすい色選びをしています。

5 安全管理と誤飲防止

パーツが外れたり破損したりすることには厳重に注意しています。めやすとしては、トイレットペーパーの芯を通らない大きさ。ただ、ひも通しなど小さめのビーズを使用する場合は、「口に入れないよ」が通じる2歳児クラスのみで扱ったり、子どもが直接触れる位置に風船を使用するならカラーポリ袋に包んで、万が一割れた場合の対処を想定したりしましょう。

他に、丸ゴムにビーズを通した「棒ビーズ」というおもちゃは、ビーズの個数を必ず20個で作るルールにしています。個数が決まっていれば、誰がチェックしても確実。そんな風に全職員で共通認識をもてる工夫も大切です。

「おもちゃ選び」と「遊びの展開」の視点

「どの手作りおもちゃを選ぼうか？」「作ったおもちゃはどう保育に取り入れる？」
そんな疑問に、猪狩先生が考える、手作りおもちゃの上手な活かし方を紹介します。

1 子どもの「今」の姿に着目する

　子どもの今の姿をよく見ることが、まず肝要です。発達段階や、興味を満たす条件を、おもちゃに取り入れましょう。例えば、保育者のエプロンのボタンを外そうとしている姿が見られたら、ボタンはめのおもちゃなど。
　また、選択肢の一つとして、同じクラスでも個人差があるので、月齢が高い子向けに作ることもあります。すると、低月齢児が成長したときや、遊びをどんどん展開させたい子がいた場合に、次のレベルのおもちゃとして提供することができます。

ボタンが気になるのかな？

つかまり立ちしているから…

2 子どもの「次」の発達も見通して作る

　子どもの「次」の育ちを見通して、活動を強化したり、後押ししたりするおもちゃも必要です。例えば、つかまり立ちや、よちよち歩きの頃、体は重心移動の練習をしています。それなら、段ボール箱の車のおもちゃを用意すれば、乗り降りの動きで重心移動が獲得できるかな、などと考えています。子どもの発達は、実際に子どもと関わることで実感が伴うと思うので、新人保育者と先輩保育者が上手に連携してほしいですね。
　子どもの発想や想像力によって、さまざまな遊び方ができるよう、遊びを限定しない作りも意識しています。

おもちゃで遊ぶ子どもの表情を観察する

　子どもは遊びの天才です。いざ子どもが提供したおもちゃで、想定と異なる遊びをしても、不正解はありません。遊びは十人十色で、遊びは子どものもの。その中から、子どもの今の発達や、興味があることを読み取っていきましょう。

　おもちゃが子どもにフィットしているかは、子どもの表情と、どんな食いつき方をしているかを観察すること。集中しているときは、真剣な表情をしています。ニコッとするのは、保育者が「すごいね、できたね」と共感した時が多いです。

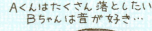

子どもの興味に応じて遊びやおもちゃをアレンジする

　おもちゃのどんなところが気に入っているかがわかったら、十分にそのおもちゃを楽しんだあと、おもちゃにアレンジを加えて、遊びの展開を促せる環境を用意しましょう。

　例えば0、1歳児では、どんどんできることが嬉しいので、パーツを増やすアレンジが多いですが、その子なりの興味・関心や遊び方に応じて、素材を変えたり、同じ性質をもつ別のおもちゃを出したりすることもあります。2歳くらいからは、少しずつ友だちと同じおもちゃで遊べるようになってくるので、共有できるおもちゃやアレンジを加える傾向があります。

いつでも見返して安心！
0〜2歳児の発達のめやす

0〜2歳児の「発達のめやす」を紹介します。
子どもたちの育ちを見ながら、おもちゃ作りの参考にしてください。

0歳
ねんねからお座り、はいはい、つかまり立ちと著しく発達する時期

6〜8か月
- 生活リズムがだんだんと安定する
- お座りが安定し、ずりばいが始まる
- ものを押したり引っ張ったりする動作が見られる
- 喃語が活発になる
- 人見知りが始まる

遊びのヒント
- つかむ、引っ張るおもちゃ
- 子どもが少し進んだ先におもちゃを置き、移動を誘う
- お座りで遊ぶ際はいつでも支えられるよう近くで見守るか、背中にクッションを当てる

4〜5か月
- 寝返りができるようになる
- 目と手の協応が始まる
- 興味のあるものに手を伸ばしたり、なめて確認したりする
- 喃語が始まる
- 上下左右の追視ができるようになってくる

遊びのヒント
- 触る、握る、振るおもちゃ
- 名前を呼んだり音の鳴るおもちゃで寝返りを促す
- 近くでゆっくりとおもちゃを動かして見せる

満1歳～1歳半

- 一人歩きが始まり、段差をはいはいで上り下りする
- 象徴機能が発達し、積み木を電車などに見立てる
- スプーンを使って食べようとする
- 自我が芽生え始め、自己主張が強くなる
- 意味のある言葉をいくつか話す

遊びのヒント
- 歩行などの全身運動や、探索活動を促すおもちゃ
- ままごと用のスプーンなど、生活に関わる用具を遊びに取り入れる
- 自我の芽生えを認め、遊びの中でできていることを積極的に伝える

1歳
歩行が始まり、視界や行動範囲がグンと広がる時期

9～11か月

- 四つばいや高ばいに進み、つかまり立ちや伝い歩きになる
- 親指と人さし指で細かいものをつまむ
- 「ちょうだい」と言われてものを渡そうとする
- ほしいものを指さしで示す
- バイバイや拍手などの簡単な動作をまねする

遊びのヒント
- 蓋の開け閉め、落とす、つまむおもちゃ
- まねして遊べるように、ゆっくりと手本を見せる
- 絵本の読み聞かせなどで食べものを「どうぞ」とさし出し、やりとり遊びをする

1歳〜

- 歩行が安定し、方向転換や速度の調整ができる
- 高低差や段差のある場所を好むなど、上下の運動に取り組む
- 言葉を模倣して、繰り返し楽しむ
- 「〜だから〜だ」の思考ができる
- 自分の気持ちをうまく表現できずにかみつく姿がある
- 並行遊びが見られる

遊びのヒント
- つまむ、めくるを促すおもちゃ（パーツが外れないようにして提供する）
- 全身を映す鏡遊びで、自分の体を意識する
- 同じおもちゃの個数を用意し、子ども同士のトラブルをフォローする

2歳

見立て遊びや
言葉でのやりとりが
楽しい時期

満2歳〜2歳半

- 歩行が完成し、両足でジャンプしたり、障害物をまたいだりできる
- イヤイヤ期が現れ、自尊心が芽生える
- 作ったものを何かに見立てる
- 自我の拡大により、気に入ったものを独占したり、認めてほしい気持ちが生まれたりする
- 友だちの遊びに興味をもったり、大人の仲介でごっこ遊びをしたりする

遊びのヒント
- 手指の細かい動作が獲得できるおもちゃ
- 人形遊びやままごと遊びに大人が関わり、言葉でのやりとりをする
- 簡単なルールのある遊びを楽しむ

3歳

友だちに興味をもち、伸びやかなイメージや空想が始まる時期

満3歳〜

- 三輪車やケンケンなど、「〜しながら〜する」活動ができ始める
- 自分の気持ちを言葉で伝える
- 物語の世界をイメージして楽しむ
- ものの貸し借りやルールを少しずつ意識するようになる
- 友だちとのごっこ遊びや役割のある遊びをする

遊びのヒント
- 子どもの空想や遊びが広がるよう言葉をかけたり、素材やおもちゃを準備したりする
- キャッチボールなど、ボールを使った遊び
- 状態や経験に合わせた応答遊び

2歳半〜

- 片足を上げる、両手を上げる、背伸びなどができるようになる
- 十字や、丸を描く
- 積み木を積んだり並べたりと組み合わせ、見立ててものを作る
- 「なんで？」と質問するなぜなぜ期が現れる
- 友だちと一緒に遊びたい気持ちが出てくる

遊びのヒント
- 生活習慣に関わる動作を獲得できるおもちゃ
- 走る、跳ぶなどさまざまに体を動かせる遊び
- 砂場や粘土など、形を作ったり自由に見立てができる遊び

本書の特長

おもちゃの特徴

おもちゃの特徴を3つ表示。子どもの興味・感心に合わせて、また、発達のねらいに応じて検索してください。

年齢アイコン

おもちゃ選びのめやすとして、対象年齢が一目でわかるアイコン形式にしました。

子どもの姿

各おもちゃが、より適した発達段階の子どもの状態を示しています。

作り方・製作時間のめやす

工程を踏んだイラストで作り方を紹介し、「製作時間のめやす（難易度）」を3段階に分けました。作りやすさから選んでもよいでしょう。

導入

おもちゃを初めて渡す時のヒントをご紹介。子どもやクラスの雰囲気に合わせてアレンジしてください。

実践例

実際に遊んでいる様子がイメージしやすいように、ライブ写真を掲載しました。年齢や月齢ごと、また、子どもの興味・関心に応じて参考にしてください。

言葉かけ

おもちゃで遊ぶ際の言葉かけの例です。子どもの姿に合わせてご活用ください。

アレンジ例

おもちゃの素材替えアイデアや、月齢や年齢ごとの遊びのアレンジ例を紹介しています。また、本書に登場する別のおもちゃとの組み合わせ案も掲載。

遊びの展開例

「実践例」よりも発展的な遊び方の提案です。子どもの興味に合わせて、どんどん展開していきましょう。

五感の Part 1

ふわふわかな？

いろいろ羽のちょうちょ

あおむしくんカップ

五感・知覚の発達フロー

0歳
- 追視が始まる
- はっきりとした原色が見える
- 何でも口に入れて確かめる
- 面としての追視
- 喃語
- 聴覚が急速に発達する

1歳
- さまざまな手触りを楽しむ
- 色や形の違いの認識
- 大人の言葉をまねようとする

2歳〜
- 大小や高低がわかる
- 音の高低の区別
- 色の名前の理解

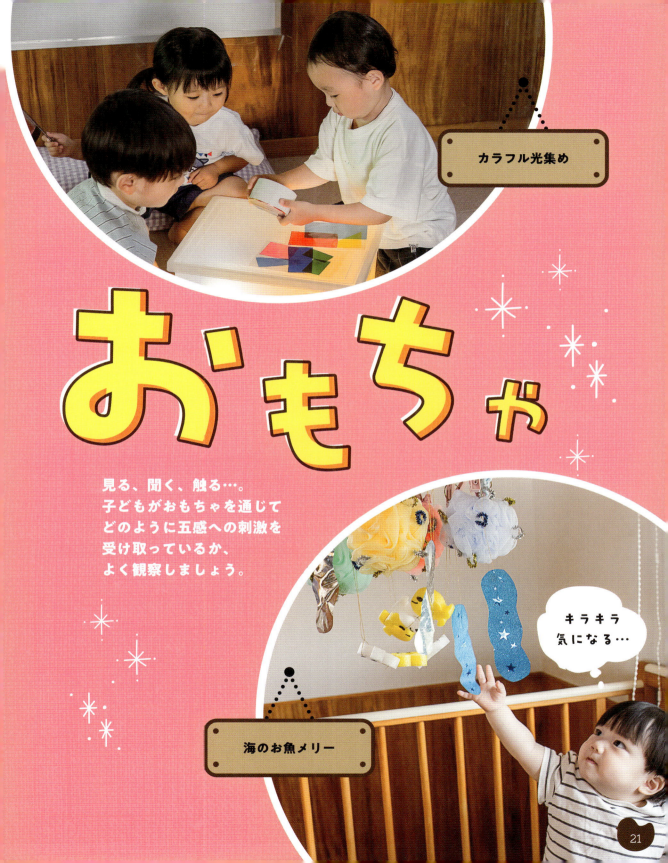

カラフル光集め

おもちゃ

見る、聞く、触る…。
子どもがおもちゃを通じて
どのように五感への刺激を
受け取っているか、
よく観察しましょう。

海のお魚メリー

キラキラ
気になる…

0歳児 1歳児 2歳児

いろいろ羽のちょうちょ

それぞれ感触の異なる羽のちょうちょさん。どの手触りが好き？

子どもの姿　気になるものがあると、触って確かめる。

おもちゃの特徴 触る・比べる・確かめる

羽によって素材を変えて。カラフルにすると、見た目にも違いが。

導入　「ちょうちょさんの羽、いろいろあるね。ここはふわふわ、こっちは？」と話しかけ、子どもが触ってみたくなるのを待ちます。

羽は面ファスナーでつけ替え可

主な材料

段ボール板、スポンジ、お風呂用マットなど

製作時間のめやす

 **作り方**

裏に小さく切った面ファスナーを貼る
段ボール板に画用紙を貼る
洗濯ネット
工作用紙に人工芝を接着剤で貼る
面ファスナー
スポンジ
お風呂用マット

※他にエアパッキンなどの素材で作ります。

22

実践例

ちょうちょさんだね！
こんにちは〜

目線の高さに設置して立っちを促す

子どもの目線ほどの高さに設置することで、「なんだろう？」と立っちへの意欲にもつながります。

お風呂にあるよ！

身近な素材で「これ知ってる！」に

カットしたお風呂用マットに気がついた1歳児。子どもの身近な素材を取り入れることで、初めて見るおもちゃにも親近感が湧きます。

背中でもスポンジのふわふわを感じられることに気がつき、スリスリ。

アレンジ例

羽の素材は、エアパッキンやくしゃくしゃにした紙、タオルなどで作っても。

遊びの展開例

素材がわかる子は、「プチプチどれ？」などと当てっこをするのも楽しいです。

Part 1 ● 五感のおもちゃ

23

カシャカシャタグきょうりゅう

 0歳児　1歳児　2歳児

触ると中のビニール袋がカシャカシャと音を立てて、子どもの興味を引くきょうりゅうです。

子どもの姿：細かいものを指でつまむ。音に興味をもつ。

おもちゃの特徴：つまむ・引っ張る・聴く

「タグがきょうりゅうの角みたい！」

導入
「きょうりゅうさんだよ」と近くで見せ、体部分をもんで音を鳴らしたり、タグを引っ張ったりしましょう。

裏側は広い開き口で、中のビニール袋を出し入れしやすい

作り方

- 木綿地に縫いつける
- プラスチックリングを結んだ綿ロープ
- 真ん中を切った木綿地（裏）
- 二つ折りにした綿テープ
- 結んだ綿ロープ
- 表面同士で周囲を縫い合わせる
- 開口部から表に返す
- 顔を刺しゅうする
- 後ろの開口部からビニール袋を入れる

主な材料
木綿地、綿テープ、ビニール袋など

製作時間のめやす
★★☆

実践例　言葉かけ

カシャカシャ
きょうりゅうさんだよ

音に気づいてはいはい

保育者がきょうりゅうを見せて呼びかけると、はいはいで近づいてきました。音が気になる様子。

ギュッ

顔がついてる

保育者から受け取ると、好みの大きさと長さのタグを見つけてつまみました。指先の巧緻性も育まれます。

アレンジ例

タグの綿ロープを三つ編みにして太さを変えたり、丸ゴムを交ぜて作ったりしても。モチーフを丸にして、周囲にタグをつけると、太陽も作れます。見立てから考えてみましょう。

きょうりゅうの体をクシャッと握ると、中のビニール袋がカシャカシャと鳴ります。

Part 1　五感のおもちゃ

詰め替えだきまくら

0歳児 1歳児 2歳児

少しリラックスするスペースが欲しい…。そんなときにサッと出せるだきまくらです。

子どもの姿　朝夕や午睡前に、寝転ぶなどリラックスする。

おもちゃの特徴 　寝転ぶ・乗る・座る

中身を詰め替えて、硬さや感触の違いも楽しめる！

導入
壁に沿わせてベンチ代わりに置いたり、子どもがごろんとリラックスしているそばに置いたりしましょう。

主な材料
キルティング地、プールスティックなど

製作時間のめやす
★★★

作り方

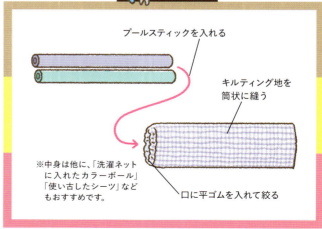

- プールスティックを入れる
- キルティング地を筒状に縫う
- 口に平ゴムを入れて絞る

※中身は他に、「洗濯ネットに入れたカラーボール」「使い古したシーツ」などもおすすめです。

26

ベンチやまくら、電車にも変身!?

子どもたちのそばに置くと、各々がしっくりくる体勢で遊び始めました。

赤ちゃん、待っててね

だきまくらの向こう側におもちゃを見つけると、はいはいで越えていきました。

運転士さん、しゅっぱーつ！

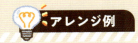

アレンジ例

中の素材を、長い芯材やスポンジにしても。複数人で遊べる子たちは、P147「どこでも輪っか棒」と組み合わせて電車ごっこもできそうです。

0歳児 1歳児 2歳児

カプセルリストマラカス

人気の音が鳴るおもちゃを、しっかり握る前の発達段階からでも楽しめるマラカスに仕立てました。

 子どもの姿 色に注目したり、音の鳴る方向を見たりする。しっかりとものを握れる。

 おもちゃの特徴 振る・鳴らす・握る

はっきりとした色合いのカプセル容器と、柔らかいヘアゴムがポイント

導入 手首につけて一緒に振ってみましょう。音が鳴ることがわかったら、次は中のスパンコールにも着目できるよう「キラキラ、きれいね」などと声をかけて。

 主な材料

カプセル容器、ヘアゴム、ビーズなど

 製作時間のめやす

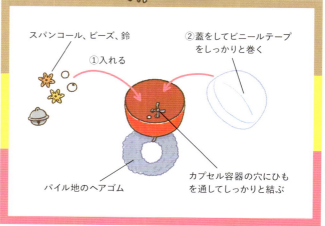 **作り方**

スパンコール、ビーズ、鈴
①入れる
②蓋をしてビニールテープをしっかりと巻く
パイル地のヘアゴム
カプセル容器の穴にひもを通してしっかりと結ぶ

28

実践例

一緒に振ってみた

赤くて大きなカプセル容器に気がつき、「あれ？」という表情。保育者が腕を持って優しく振ると、中のスパンコールや鈴が、シャラシャラと音を立てます。遊び方がわかると、一人で腕を動かすように。

言葉かけ

シャラシャラ～
いい音だね

ふりふり

ヘアゴム部分は柔らかい素材なので、ギュッと握れる子は手で持って楽しみました。

見て見て、鳴らせるよ～

タンタン手拍子♪

アレンジ例

子どもがお気に入りの色のカプセル容器で作ったり、半透明のものを使ったりするのも見た目のおもしろさが加わります。子どもとお散歩で拾ったどんぐりなどを中に入れてもよいですね。

Part1 五感のおもちゃ

ぽっとんないない

手軽に用意できる簡単ぽっとん落とし。目の前からなくなる不思議さや音が心地よい！

子どもの姿　出し入れ遊びを楽しむ。押し込む感覚を味わう。

おもちゃの特徴　落とす・押し込む・引っ張る

導入　缶の上にカラーボールを1つ載せて、途中まで入れて置いておきます。子どもが自然と手を伸ばしたくなるのを待ちましょう。

排水溝カバーがミルク缶にシンデレラフィット！

 主な材料

ミルク缶、排水溝カバーなど

 製作時間のめやす

排水溝カバーをかぶせてビニールテープを巻く

ミルク缶にリメイクテープを貼る

〈トンカチ〉
乳酸菌飲料の空き容器にボンテンを入れる

蓋を閉めて片段ボールを巻き、ビニールテープを巻く

落とす感覚と音に夢中

ゴムでできた排水溝カバーは、カラーボールを押し込むときに、少しだけ引っかかりが生まれます。その感覚と、落ちたときのカラン♪という音に、夢中です。

落ちたね～

カラン♪って！

アレンジ例

落とすものは既製品でOK。カラーボールの他に、ブロックやゴムボールなど、硬さや大きさの異なる素材を用意しましょう。

\中を確認…/

あった、あった

Part1 五感のおもちゃ

31

形の変わる素材は押し込む感覚が繊細に伝わる

大きなスポンジボールは、グッと押し込むと形が変化して落ちていくので、少し力は必要ですが、落ちる感覚を手で味わえます。乳酸菌飲料の空き容器で作ったトンカチで、ポンポンとたたいてみました。

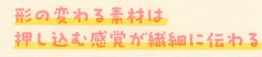

取り出す腕にも力が入ります。

スポンジボールがみっちりとはまって、少したたいても落ちません。落ちないこともまたおもしろくなってきました。

Part 1 五感のおもちゃ

0歳児 1歳児 2歳児

マグネット福笑い

ホワイトボードにミラーシートを貼った、マグネットがくっつく鏡です。

子どもの姿 鏡に映る自分の姿を楽しむ。マグネットの貼り外し遊びに興味をもつ。

おもちゃの特徴 見る・認識する・貼る

好きな動物にあっという間に変身！

導入 マグネットを貼った鏡に子どもを映し「○○ちゃん、うさぎさんになったね」と、注目を促します。

 主な材料

マグネットシート、ホワイトボード、ミラーシートなど

 製作時間のめやす

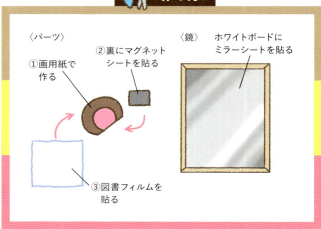

〈パーツ〉
①画用紙で作る
②裏にマグネットシートを貼る
③図書フィルムを貼る

〈鏡〉
ホワイトボードにミラーシートを貼る

実践例

鏡に映った いつもと違う自分の姿

保育者が鏡を見せると、手を伸ばして、よく見ようと顔を近づけます。鏡越しに保育者と目が合い、にっこり。

言葉かけ
うさぎさんの お耳が 生えてる！

うさぎさんに なっちゃった！

くまさんにも！

ホワイトボードに ぺったん

1歳後半では、鏡に映った自分よりもマグネットの貼り外しに興味をもったので、大きなホワイトボードにパーツを広げて、福笑いに挑戦！ 目や口だけマーカーであらかじめ描いてもよいですね。

 **アレンジ例**

子どもの好きな動物のパーツや、図形のパーツを加えると、よりイメージが広がります。パーツは、タッパーに片づけると紛失しません。

 パーツは誤飲を避けるため、細かくなりすぎないように注意を。低月齢児が遊ぶ際は、保育者が鏡を持って見せるようにしましょう。

Part 1 ● 五感のおもちゃ

海のお魚メリー

[0歳児] [1歳児] [2歳児]

海に見立てたモチーフを集めたメリー。コーナーガードの魚は、顔の向きを地面と並行につけ替えられます。

 子どもの姿 動くものを目で追ったり、手を伸ばして触ろうとしたりする。

 おもちゃの特徴 見る・触る・確かめる

魚は100円均一のコーナーガードスポンジを輪切りにしたもの

 導入
ベビーベッドや風がよく入るところ、子どもが寝転ぶ場所など、子どもの動線に合わせて設置しましょう。

つり方を変えれば、ねんねの子の目線に合わせた顔の向きに！

 主な材料
ピンチハンガー、コーナーガードスポンジなど

 製作時間のめやす
★☆☆

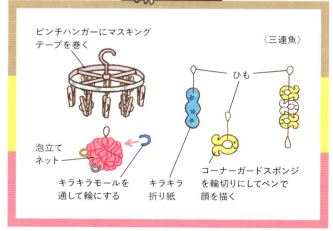

作り方

ピンチハンガーにマスキングテープを巻く

〈三連魚〉

ひも

泡立てネット

キラキラモールを通して輪にする

キラキラ折り紙

コーナーガードスポンジを輪切りにしてペンで顔を描く

実践例

ふと目に入って泣きやむ

魚の顔が、ねんねの子と並行になるよう設置。揺れる様子がふと目に入って、気持ちの切り替えに一役。

「ひらひら、気になる…」

「お魚さんに触りたい」

保育者の支えで立っち！

魚をつけ替えて正面向きにすると、立っちしたときに目が合うように。触ってみたくて手を伸ばします。

アレンジ例

ピンチハンガーの形や大きさによって、メリーの印象は変わります。魚を長くつなげたり、プールスティックを輪切りにして、輪つなぎにしたりしたものを加えてもにぎやかです。

Part 1 ● 五感のおもちゃ

コロコロセンサリーボトル

ボトルの中で動く素材を目で追ったり、転がしてはいはいで追いかけたり…。眺めているだけでも落ち着きます。

子どもの姿 動くものを目で追ったり、はいはいで追いかけたりする。

おもちゃの特徴 見る・はいはい・握る

導入
子どもの目線で上下に動かしたり、そっと転がしたりして、中身が揺れ動く様子を見せましょう。意外と重さがあるので持ち上げる際は目を離さずに。

水とベビーオイルを混ぜているので色の分離も楽しめる！

カラーポリ袋のタコが、ラメと一緒にキラキラと舞う…

 作り方

- 2つをビニールテープでつなげる
- カラーポリ袋を切って作る
- ビニールテープを巻く
- クリアファイル
- ビーズ、スパンコール、ポンテン、蓄光シール
- 乳酸菌飲料の空き容器に色水、ベビーオイル、ラメを入れて接着剤で蓋を留める

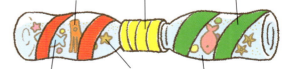

主な材料
乳酸菌飲料の空き容器、ベビーオイルなど

製作時間のめやす
★★★

 実践例

光に透かして うっとり

0歳児にはまず保育者が動かして見せると、両手で持って、中の水や素材が落ちる様子を観察していました。

 言葉かけ

青色のお水ゆらゆら、きれいね

はいはいして… キャッチ！

コロコロと転がすと、はいはいができる子は追いかけました。ななめに巻いたビニールテープが、転がるときに動きをプラスして、さらに興味をかきたてます。

子どもの手にフィットするサイズ感。追いついてギュッと捕まえた！

ギュッ

 アレンジ例

ベビーオイルの量を増やすと、中の素材がよりゆっくりと落ちます。全体の水分量を減らすと、振ったときにカラコロと鳴る音も楽しめます。

Part 1 五感のおもちゃ

実践例

ひんやりとした感覚も刺激に

容器を介してほのかに冷たさを感じることに気がつき、両手で抱きしめました。ほっぺに当てて、視覚以外の感覚も味わいます。

言葉かけ
赤いタコさん、よく見つけたね

タコさん！

タコさん見っけ！どうしたらよく見えるかな？

1歳後半の子は、カラーポリ袋のタコを発見。ボトルをどう動かせばよく見えるのか、試行錯誤を繰り返します。

あおむしくんカップ

0歳児 1歳児 2歳児

水遊びに最適なゼリーカップは、磁石でくっつくしかけ！ どのカップに穴が開いているかな？

子どもの姿　水の感触や性質を味わう。小さいシールの貼りはがしを楽しむ。

おもちゃの特徴 　入れる・調節する・つなげる

1個ずつのカップに分けても遊べる！

頭は鈴が入って爽やか

導入
長いあおむしくんのまま登場させ、遊ぶうちに自然とカップが1つずつに離れる様子を楽しみましょう。「お水入れてみようか？」と、穴が開いたカップとの違いにも気がつけるよう促します。

作り方

- ゼリーカップに切り込みを入れて切ったクリアファイルを通し、セロハンテープで留める
- ビニールテープで顔を作る
- 顔の後ろの縁に磁石をしっかりと貼る
- 接着剤で2個貼り合わせた上からビニールテープを貼る
- 鈴
- 縁の裏側に磁石を貼り、上からビニールテープを貼る
- ゼリーカップにところどころ穴を開ける

主な材料
ゼリーカップ、磁石、ビニールテープなど

製作時間のめやす

Part 1 ● 五感のおもちゃ

41

 **実践例**

1つずつに分けて順番に水を入れる

1歳児にカップを1つずつ分けて渡すと、形や大きさが同じなのでもめることなく1人ずつ持ち、それぞれたらいの水をくみました。

言葉かけ：順番に入れようね

じょうろを使ってねらいを定める

小さいカップに、こぼさないように水を入れます。友だちが入れる様子をじっと見守っています。

磁石で連結！そっと運んでみた

くっつく向きを探して、慎重につなげた2歳児。全部つながったのが誇らしくて保育者に見せに向かいました。

見て見て〜！

穴から垂れる水を観察

穴の有無や位置、個数はあえてバラバラに。穴から水が垂れる様子を観察していました。

「ここから水が出てくる！」

穴から水を出すことに興味が発展

横が穴開きタイプのカップを見つけ、今度は意図的に穴から水が出るように傾けます。

「じょうろにためよう♪」

友だちと水の量を調節

カップによって水がたまる速さが異なることがわかり、それぞれに水を入れていきます。途中で友だちも一緒に入れ始めました。

遊びの展開例

カップを増やして、何個つなげられるか試してみても。また、穴に興味がわいたら、じょうろや穴開きペットボトルで、水やりや水まき遊びにつなげて楽しむのもよいでしょう。

Part1 五感のおもちゃ

スポンジシートの型合わせ

スポンジシートを重ねるとフルーツが！ ものの特徴や色の識別が楽しみながら身につきます。

子どもの姿 知っている食べものや、好き嫌いが出てくる。色やものの名前がわかる。

おもちゃの特徴 形・色・考える

顔をはめてもおもしろいかも!?

導入
重ねたスポンジシートを見せて「これ、なーんだ？」と、投げかけます。知っているものの名前を答える楽しさから遊びに入りましょう。

 主な材料

スポンジシート

 製作時間のめやす

 **作り方**

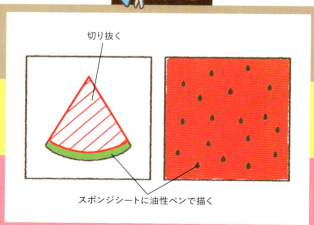

切り抜く

スポンジシートに油性ペンで描く

44

実践例

写真を見て、スポンジシートを重ねる

フルーツの写真と、型から外したスポンジシートを出しました。「いちごはどれだったかな?」と保育者が尋ねると、いちごの型をそっとピンク色のスポンジシートに当てました。

いちご！

パイナップルメロン！

他のフルーツに当ててみた

パイナップルの型にメロンの色を当ててみました。正解を知っているからこそ、違う組み合わせのおもしろさがわかります。

遊びの展開例

模様の違いを楽しめるようになったら、型を保育室や公園の、フルーツになりそうなところに当てて、名前を考えてみましょう。

スポンジシートなので、水にぬらしてもOK！

Part 1 五感のおもちゃ

にぎにぎお手玉

中身の異なる手のひらサイズのお手玉。家庭からお気に入りの布を持ち寄って作るのもよいですね。

子どもの姿 握る力がつく。スプーンやトングを使って遊ぶ。

おもちゃの特徴 握る・比べる・見立て

ゴロゴロ、プニプニ、つぶつぶ…。どんな感触があるかな？

導入
ままごとの茶わんにいくつか入れて出しましょう。まずは手で感触の違いを楽しんで。

主な材料

木綿地、ボンテン、スーパーボールなど

製作時間のめやす

★★☆

作り方

ボンテンを入れて縫い閉じる

木綿地を袋状に縫う

※中身は他に、スーパーボール、スポンジ、チェーンリング、ペレットなどで作ります。

46

実践例

手や指先でにぎにぎ

ごろっとしたスーパーボールと、ふわふわのスポンジがお気に入り。手のひらに載せてギュッと握ったあと、指先に力を込めて、感触の違いを比べました。

はい、どうぞ

全部移し替えると満足して、今度は友だちの茶わんにどうぞと入れ始めました。

はい、どうぞ

思い思いの道具で移し替え

ままごとのスプーンやトングを使って、茶わんからすくいます。中身が違うことで微妙に力のかけ具合が変わります。集中しているときは声をかけずに、見守りましょう。

アレンジ例

中身はアイロンビーズや綿などにしても。2歳児では、P172「ジョイントマットキッチン」のそばに置くと、食材に見立てて遊ぶ姿も見られました。

遊びの展開例

お手玉を投げ上げてキャッチ！保育者が投げる役になると、個数や高さを調節しやすいでしょう。

Part 1 五感のおもちゃ

めくってカーテンボード

タオルのカーテンをめくると、犬やバスなどの身近なモチーフが現れます。

子どもの姿　知っているものを指さししたり、名前を呼んだりして何度も確認する。

おもちゃの特徴　見る・伝える・めくる

クリアファイルに写真を入れ替えるだけの簡単構造

導入
いないいないばあ遊びのような期待感と満足感を味わえます。「○○ちゃーんって聞こえるね。だれかいるのかな?」などと、めくってみたくなるワクワク感を。

カーテンを開けると…

 作り方

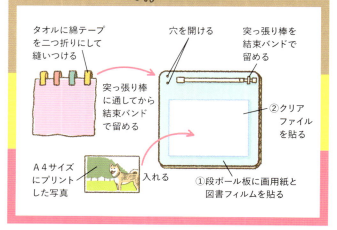

タオルに綿テープを二つ折りにして縫いつける
突っ張り棒に通してから結束バンドで留める
穴を開ける
突っ張り棒を結束バンドで留める
②クリアファイルを貼る
A4サイズにプリントした写真
入れる
①段ボール板に画用紙と図書フィルムを貼る

 主な材料

段ボール板、突っ張り棒、タオルなど

 製作時間のめやす

48

実践例

開けて見せると犬に気がついた

保育者がカーテンをめくると、ハッとした表情になり犬にタッチ。保育者と犬を交互に見比べます。

言葉かけ: ワンワンがいたね〜

カーテンを持ち上げて開ける場合は、外れないように押さえて。

バスー！

大好きなバスを見つけて、もう1回！

バスが隠れていることがわかり、自分でカーテンを開け閉めします。何度開けても大好きなバスが出てくることがうれしくて、長い間、開け閉めしていました。

アレンジ例

中の写真は、子どもたちの興味・関心に合わせて、風景写真やミラーシートなどにつけ替えても楽しめます。子どもたちのお絵描きや、保育者の絵もおすすめです。

床やテーブルに置いても遊べます。

Part 1 ● 五感のおもちゃ

空き箱&マグネット缶のオーシャンドラム

0歳児 1歳児 2歳児

サラサラ、ジャラジャラ。小さな海の中にビーズを入れた、かわいらしい楽器です。

子どもの姿　身の回りの気になるものを触ったり振ったりして確かめる。

おもちゃの特徴　聴く・振る・鳴らす

振ると魚も一緒に動くよ

導入
子どものそばに置いたり、転がしたりして興味をもてるようにします。振って見せ、音が鳴ることを知らせて渡してもよいでしょう。

主な材料
チーズの空き箱、マグネット缶、ビーズなど

製作時間のめやす
★★☆

作り方

- チーズの空き箱の中に画用紙を貼る
- 真ん中を切り抜いて裏から硬質クリアシートを貼る
- ビーズ
- 入れる
- クリアファイルを切って油性ペンで顔を描く
- 蓋をして側面にしっかりとビニールテープを巻く

※マグネット缶でも同様に作り、周囲にビニールテープをしっかりと巻きます。

実践例

ビーズや魚に気づいて指さし

0歳児はまずいろいろな角度に回して確かめました。中に魚やビーズが入っていることに気がつき、保育者の「お魚さんだね」という声かけに指さしで応えていました。

お魚さん

シャカシャカ♪

振って振ってノリノリ

空き箱とマグネット缶を交互に振ってみて、音の違いが気に入った方をシェイク、シェイク！

💡 アレンジ例

P104「野原の滑り台」やP155「コロコロ坂道ボール」などの斜面と組み合わせるのも、遊びの幅が広がります。中身を「どんぐり×リス」、「ポンテン×雪だるま」などにして季節感を出しても。

Part 1 五感のおもちゃ

カラフル光集め

光に透けるカラーセロハンと、光源になるケースを組み合わせたおもちゃ。色や光を視覚的に感じられます。

子どもの姿 地面に映る木の影や、窓辺の光で透ける装飾物の色などに気がつく。

おもちゃの特徴 色・見る・比べる

優しい明るさでよく見える

プラスチックケースにLEDライトを入れる

導入
電気を消したり、薄暗くしたりして、光源を目立たせます。子どもたちが自然と気がつくのを見守りましょう。

色が重なった部分もきれいに透ける

作り方

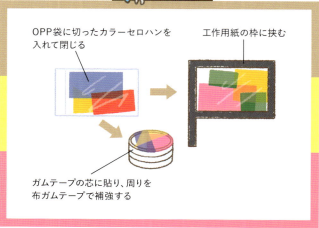

OPP袋に切ったカラーセロハンを入れて閉じる

工作用紙の枠に挟む

ガムテープの芯に貼り、周りを布ガムテープで補強する

 主な材料

カラーセロハン、プラスチックケースなど

 製作時間のめやす

 実践例

カラーセロハンの色をつぶやく

明かりに気づいて集まってきた2歳児。カラーセロハンを見つけて、「青」「赤」とつぶやきます。

 目への刺激を抑えるため、半透明の衣装ケースなどがおすすめ。

青と赤！

手に取って透け感を確認

カラーセロハンの色が重なっていることに気がつき、持ってみたり光源に近づけてみたりと、色の違いや透け感を比べました。

どうなってるの？

中が明るいね

光源に興味をもって、ケースをチェック。

Part1 五感のおもちゃ

わあ、ピンクだ！

顔に当ててみる

カラーセロハンを通すと色が変わることに気がついて、顔に当ててみました。「こっちはピンク。ここは緑…」と、当てる場所によって周囲の色も変わります。

おてても黄色くなったね

光に色をつけてみよう

保育者が、カラーセロハンを懐中電灯に当てて見せると、自分で！ と、懐中電灯を持って壁に光を当てました。色づいた光の壁に、確かめるように手を置いていました。

遊びの展開例

カラーセロハンの色遊びが盛り上がったら、色を重ねることでどんな色になるかを試してみても。遊びの中で、自然と色の組み合わせを知ることにもつながります。

カポッとスポッと！集めてフィット

紙コップやカラーボールなど、はめてフィットする感覚を味わえるおもちゃです。

子どもの姿 手先が器用になる。目と手の協応動作が育つ。

おもちゃの特徴 はめる・集める・調節する

小さい紙コップも交ぜるとゲーム性アップ！

導入
紙コップやカラーボールを並べて、まずは保育者が遊ぶ様子を見せましょう。子どもが興味をもったら、扱い方を伝えましょう。

 主な材料

紙コップ、傘袋、カラーボールなど

 製作時間のめやす

★☆☆

作り方

〈紙コップ集め〉
- 紙コップの底の縁を切って貼る
- 割り箸にビニールテープを巻く

〈カラーボール集め〉
- 切り込みを入れて輪ゴムを2本かける
- 大きめの紙コップの底を切る
- 口を結ぶ
- 切った傘袋をマスキングテープで貼る

Part 1 五感のおもちゃ

55

実践例 **言葉かけ**

「紙コップに かぶせるよ」

1つずつ集めてみる

保育者から遊び方を教わり、慎重に紙コップを重ねます。カポッと気持ちよくはまると、少しずつスピードアップし、最後はあっという間に全部を回収。満足気な表情を見せてくれました。

友だちと交互にチャレンジ

慣れてきたら、友だちと1つずつ交代でチャレンジ。紙コップはたくさん用意しましょう。

「小さいのは取れないね」

持ちやすさを試行錯誤

カラーボール集めの紙コップは、スープなどを入れる大きめのもの。片手で挑戦する子や、両手で確実にキャッチしたい子など、試す姿に個性が光ります。

全部集めてご満悦！ さあ、どうやって取り出そう？

紙コップ側から1つずつ取り出す他、袋の口をほどいて一度にカラーボールを出すこともできます。まずは子どもがどのように取り出すかを見守りましょう。

紙コップの中にP46「にぎにぎお手玉」を1つ隠して、宝探しをしたり、カラーボールの代わりにカプセル容器がはまるか確かめたりして遊んでも。

Part 1 ● 五感のおもちゃ

もう1回滑りたい！

野原の滑り台

のおもちゃ

手指を使ったおもちゃは、
巧緻性や目と手の協応動作を、
体をたっぷり動かせるおもちゃは
全身の運動機能などを育みます。
微細運動と粗大運動を、
バランスよく取り入れましょう。

カラカラルーレット

0歳児 1歳児 2歳児

ループエンドとボタンのぱっちん

ケースから延びるループエンドや、ボタン、スポンジ…。思わず引っ張りたくなるしかけが盛りだくさんです。

子どもの姿
ものをつまんだり引っ張ったりする。素材により力を調節しようとする。

おもちゃの特徴
つまむ・引っ張る・調節する

カラフルで大きなボタンが宝石みたい！

導入
ループエンドを少し長めに延ばしておきましょう。子どもが気がついたら「シュルシュル〜、ひもが引っ込むよ」などと言いながら引いて見せます。

 主な材料

プラスチックケース、ループエンド、ボタンなど

 製作時間のめやす

★★☆

 作り方

巻いたスポンジに丸ゴムを結ぶⒶ
ボタンに丸ゴムを通すⒷ
Ⓐ・Ⓑは穴に結び、Ⓒは反対側に通す
プラスチックケースに穴を開ける
ループエンドⓒ
ストッパーをつける

60

ルーフエンドを引っ張りっこ

ケースから延びるループエンドに気がつき、腕を大きく引いて延ばしてみました。保育者が反対側から引いて、引っ込むの見ると「あっ」という表情で、もう一度引っ張りました。

言葉かけ
青いひも、短くなるよ。…先生のひもが長くなった！

お花のボタンをぱっちん！

赤く大きなお花の形のボタンが気になった1歳児。ケースを片手で押さえながら引っ張ります。ゴムの弾力でぱちん！と弾かれるのがおもしろくて、何度も繰り返しました。

言葉かけ
ボタンキラキラ、宝石みたいね

ぱちん！

アレンジ例

丸ゴムにウッドビーズを数個通して、しっかりとケースに取りつけるのもおすすめ（誤飲には注意を）。ループエンドの難易度アップには、不透明のケースで作るとよいでしょう。

Part 2 手指・動作のおもちゃ

0歳児　1歳児　2歳児

ループ布&引っ張りチェーン

引き出したり引っ張ったりする動きを、長〜く楽しめるおもちゃです。

子どもの姿　ティッシュペーパーを引っ張り出す。不思議に思ったことを確かめてみる。

おもちゃの特徴　引っ張る・引き出す・確かめる

引っ張るときのほんの少しの抵抗が心地いい

導入
色とりどりの布を少しだけ引き出して、「青、ピンク、緑…きれいね。どれが好きかな?」などと興味がもてるように見せましょう。

主な材料

オーガンジー、プラチェーンなど

製作時間のめやす

★☆☆

作り方

〈ループ布〉
- 750mlのペットボトルを半分に切る
- ビニールテープで装飾する
- ビニールテープで切り口を保護する
- オーガンジーを結んで輪にする

〈引っ張りチェーン〉
- 1Lの牛乳パックを切る
- 切り込み
- 底を切り取る
- 箱形に組み合わせてビニールテープで留める
- プラチェーンを通す
- マスキングテープの芯を結束バンドでつける

 **実践例**

次々に出てくる布が不思議！

引っ張っても引っ張っても出てくる布に興味津々。ペットボトルの口の部分で布の結び目が引っかかる感覚も楽しめます。

ずっと出てくる…

自分で持って引っ張りたい

1歳児は、ペットボトルを支えると、布が引き出しやすいことに気がつきました。自分で引っ張りやすい高さや向きを調節して、どんどん引っ張りました。

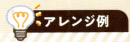 **アレンジ例**

オーガンジーの結び目を増やしたり、ペットボトルをベビーベッドに固定したりなど、子どもの様子に合わせて変えてみましょう。プラチェーンを輪にしてもOK。

Part2 手指・動作のおもちゃ

実践例

腕を引いて引っ張る、自分が下がって引っ張る

子どもによって、引っ張り方もさまざま。腕の力を使って引っ張ったり、後ろに下がることでプラチェーンを延ばしたりと試しながら遊びました。ガラガラと鳴る音も楽しめます。

ガラガラ

言葉かけ: 長〜くなったね！

マスキングテープの芯が握りやすい！

0歳児 1歳児 2歳児

面ファスナーはがし

ビリビリ音がおもしろい面ファスナーおもちゃ。靴を脱いだり履いたりする練習にもつながります。

子どもの姿 自分の気に入ったものを選ぶ。靴を脱ぎ履きしようとする。

おもちゃの特徴 はがす・くっつける・つかむ

Part 2 手指・動作のおもちゃ

「面ファスナーの長さいろいろ！」

導入
パーツを1つだけ外しておく、長い面ファスナーを途中まではがしておくなどして、遊びに入りやすいように設置します。

 主な材料

面ファスナー、フェルトなど

 製作時間のめやす

 ★★☆

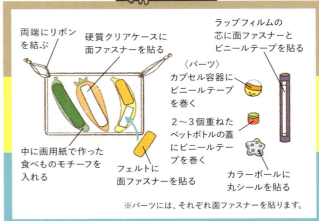 **作り方**

- 両端にリボンを結ぶ
- 硬質クリアケースに面ファスナーを貼る
- ラップフィルムの芯に面ファスナーとビニールテープを貼る
- 〈パーツ〉カプセル容器にビニールテープを巻く
- 2～3個重ねたペットボトルの蓋にビニールテープを巻く
- 中に画用紙で作った食べものモチーフを入れる
- フェルトに面ファスナーを貼る
- カラーボールに丸シールを貼る

※パーツには、それぞれ面ファスナーを貼ります。

65

実践例

引っ張ってごらん

取れるかな？

初めははがすことに夢中

パーツをはがす左手に集中しているため、保育者がラップフィルムの芯を支えて援助しました。繰り返して力のかけ方をつかむことで、だんだんと一人でも貼りはがしできるようになっていきます。

グググッ…

一人ではがしたい！

おもちゃの仕組みがわかってきたので、一人でチャレンジ。両手にそれぞれ適切な力が入っています。

アレンジ例

クリアケースの中の紙は取り替え可能。子どもが興味をもっているモチーフに変更できます。

長〜い面ファスナーを ぺったん、ビリビリ

身近な食べものモチーフに自然と足が向きました。はがしておいたオレンジ色のパーツを保育者が渡すと、にんじんにぺたり！

続いてはきゅうりをビリビリと大胆にはがしていきました。

きゅうり！

2歳児は、長い面ファスナーがずれないように片手で押さえながらはがしていました。違うモチーフを選んで、友だちと同じタイミングで遊ぶ姿も。

Part 2 手指・動作のおもちゃ

67

0歳児 1歳児 2歳児

フェルトのおいも抜き

引っ張る動作に加えて、たぐり寄せる動きの獲得につながります。実際のおいも掘り後に、思い出して遊んでも。

子どもの姿　おいも掘り体験の話をしている。長いものを引っ張ることができる。

おもちゃの特徴 引っ張る・たぐり寄せる・食育

導入
葉を少しだけ出しておきます。おいも掘りをしたことがあるなら、焼きいもごっこ用の新聞紙なども用意するとよいですね。

どんどん出てくるきれいな色のおいもにくぎづけ！

1か所を留めるだけなので量産しやすい

 主な材料

フェルト、綿ロープ、ティッシュボックスなど

 製作時間のめやす

★☆☆

 作り方

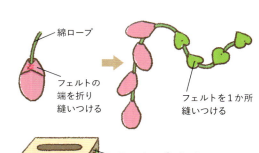
- 綿ロープ
- フェルトの端を折り縫いつける
- フェルトを1か所縫いつける
- ティッシュボックスにクラフト紙と画用紙を貼る

おいもが どんどん出てくる…

葉っぱを引っ張り、ティッシュボックスの畑からおいもが連なって出てくる様子に驚く2歳児。どこまで出てくるのか確かめたくて、まだまだ引っ張ります。

うんとこしょ、どっこいしょ

自然と両手でたぐり寄せる

長さがあるので片手を伸ばしきると、反対の手を使って自然と交互にたぐり寄せる形になりました。抜けると満足気な表情です。

抜けたー！

とても長かったので、引きずらないように運びました。

こんなに長いの！

○○くんの背と同じくらい長いね！

遊びの展開例

歩き始めの1歳児なら、おいもを引いて歩くのも楽しいでしょう。引っかけないように、長さは調節を。

0歳児 1歳児 2歳児

形イロイロぽっとん落とし

大人気のぽっとん落とし。落とし口の形や容器は、豊富なバリエーションで用意しましょう。

子どもの姿　握ったりつまんだりしたものを離せる。形や大きさの違いに気がつく。

おもちゃの特徴 つまむ・落とす・選ぶ

容器も選んで思考力も育つ

導入
落とすパーツはたくさん用意しましょう。どれに落とすか迷っていたら、穴の形や大きさに着目できるよう導きましょう。

 主な材料

タッパー、ペットボトルの蓋など

 製作時間のめやす

★☆☆

 **作り方**

〈パーツ〉
- スポンジを細く巻いて輪ゴムで留める
- フードクリップ
- ビニールテープ
- 重ねたペットボトルの蓋をセロハンテープで留める
- 段ボール板を二つ折りにする
- タッパーにフェルトを貼り、口の形に合わせて切り取る
- 丸ゴムに切ったストローを通して結ぶ

実践例

かえるさんにごはんを あげよう！

動物キャラが目に留まった0歳児は、保育者の「もぐもぐ」に合わせて口に合うパーツを落とします。顔がついていることで食べさせるイメージがつき、スムーズに遊びに入れました。

言葉かけ
かえるさん、もぐもぐおいしいね

あれ？丸いけど入らない

ぴったり合うものが見つかりました。

試しながら落とし口を選ぶ

同じ形のように見えても、大きさが合わずに落ちないパーツも。落とし口に合わせながら、落ちるものを選びます。

こっちには入った！

アレンジ例

繰り返し落とすことを楽しむ時期は、容器の数を絞ってもOK。反対に、増やす場合は、落としたパーツが見えるように透明か半透明の容器を使うようにしましょう。

Part 2　手指・動作のおもちゃ

実践例

パーツの仕組みを確認

1歳児では丸ゴムとストローのパーツが気になり、伸ばしたり畳んだりしてみました。

こっちにぽっとん！

畳めば細い落とし口にも入る！

一見、ぽっとん落としから興味が移ったようにも思えますが、パーツの仕組みを理解すると、細く畳んで、細い落とし口をねらって落としました。落ちたかどうかもしっかり確認しています。

段ボールカー&ベビーベッド

乗り降りしやすいようにななめにカットした段ボールの車と、同じカットで中が見やすいベビーベッドです。

子どもの姿 よちよち歩きで歩行の意欲がある。狭いスペースに入って喜ぶ。

おもちゃの特徴 歩行・乗り降り・見立て

「おもちゃ入れにしても♪」

導入 子どもたちに人気の車モチーフは、出しておくだけでも自然と遊びたくなるでしょう。中にタオルや毛布などを敷くと、イメージが膨らみます。

Part 2 手指・動作のおもちゃ

 主な材料

段ボール箱など

 製作時間のめやす

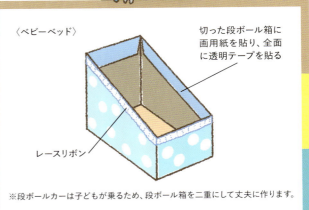

作り方

〈ベビーベッド〉

切った段ボール箱に画用紙を貼り、全面に透明テープを貼る

レースリボン

※段ボールカーは子どもが乗るため、段ボール箱を二重にして丈夫に作ります。

73

押してみる

車を目にすると、手押し車のように押し始めました。途中でぬいぐるみやおもちゃを乗せていきました。

ブーブー、通りまーす

よいしょっと

乗り降りの仕方もさまざま

0歳児は、車に対して正面から足を入れましたが、2歳児は、乗ったときに体が前を向くように、体を回転させて座りました。一人での乗り降りが安定するまでは手を添えて支えましょう。

 アレンジ例

汚れに対処しやすいテープコーティングですが、あたたかみを重視して、木綿地を全面に貼ってもよいでしょう。定期的に消毒して清潔を保ちましょう。

押してもらうのも一人で乗るのも楽しい!

動かしてほしそうな様子を見て、保育者が押すとニコニコに。「ぼくが運転手さん!」と張り切って乗った2歳児は、ハンドルを握ってなりきりました。

押して〜

ぼくが運転するよ!

↑
ベビーベッドにはお人形を寝かせて。近くに置いたまま遊んでいました。

Part 2 手指・動作のおもちゃ

0歳児 1歳児 2歳児

かくれんぼバス

動物たちがバスでかくれんぼ。ゴムを引っ張って誰が隠れているか見つけましょう！

子どもの姿 隠れているものを見つけることを楽しむ。身近な動物に親しみを感じる。

おもちゃの特徴 引っ張る・見る・探す

黄色い丸にいるのはだーれだ？

導入
子どもが気がついたら「バスに乗っているのは誰かな？」と尋ねましょう。月齢に合わせて保育者が引いて見せたり、子どもが引っ張るのを見守ったりします。

親しみのある動物たちが！

 主な材料
段ボール板、丸ゴムなど

 製作時間のめやす

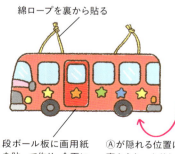 **作り方**

- 綿ロープを裏から貼る
- 丸ゴム（2本取りにして強度を上げる）
- 厚紙に画用紙を貼って作り、図書フィルムを貼るⒶ
- 段ボール板に画用紙を貼って作り、全面に図書フィルムを貼る
- Ⓐが隠れる位置に裏からしっかりと貼る
- 布ガムテープを表裏で貼り合わせる

 **実践例**

ばあ！と出てきた動物に触れる

0歳児には、保育者が「〇〇ちゃん、こんにちは」と丸ゴムを引いてうさぎを見せました。知っている動物に気づき、そっと触れました。

言葉かけ
〇〇ちゃん、うさぎさんです。こんにちは！

ワンワン！

誰が隠れているの？自分で引っ張りたい！

1歳後半になると「誰かな？」の声かけに「自分で！」と手を伸ばしました。必要に応じてバスを支えるなどの援助ができるよう、そばで見守ります。

 **アレンジ例**

丸ゴムや持ち手の色と動物をリンクさせるなど、低月齢児にはヒントを設けても。写真を丸く切り貼りしてもOK。ゴムは平ゴムにすると、より伸びます。

丸ゴムを持ち替えて、犬にタッチ。

Part 2 手指・動作のおもちゃ

カラカラルーレット

テープ芯やペットボトルの蓋を集めたルーレット。力を入れて握るためにも必要な、手首を上下させる動きを養います。

子どもの姿　ものを握ったり、手のひらを使って転がしたりする。細かいものをつまむ。

おもちゃの特徴　手首を上下する・つまむ・見る

キラキラ素材が回転時に反射してきれい

導入　机などに置いて、子どもが自然と興味をもつのを見守ります。ペットボトルの蓋をつなげたゴムが伸び切っていないか、毎回チェックしましょう。

 主な材料

テープ芯、ペットボトルの蓋、空き箱など

 製作時間のめやす

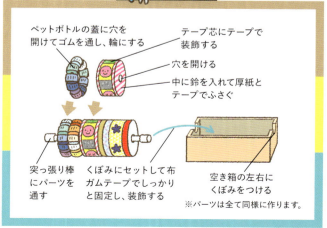

作り方

- ペットボトルの蓋に穴を開けてゴムを通し、輪にする
- テープ芯にテープで装飾する
- 穴を開ける
- 中に鈴を入れて厚紙とテープでふさぐ
- 突っ張り棒にパーツを通す
- くぼみにセットして布ガムテープでしっかりと固定し、装飾する
- 空き箱の左右にくぼみをつける

※パーツは全て同様に作ります。

実践例

くるくる変わる顔を発見

太い芯には3つの顔が。回るごとに変わる表情を発見し、保育者に指さしで伝えます。

言葉かけ

ねんねしてるね

手のひら全体で回す

1つだけをねらって指先で回転させるのがまだ難しい0歳児は、手のひら全体でなでるように回しました。キラキラや色の変化を堪能しています。

オレンジ色が好き！

アレンジ例

同じ太さの芯にそれぞれ同じ表情を描いて横並びにして、スロットのように揃えて遊んでも。目で追う動きの難易度もアップします。

細かいパーツをつまんでみる

指先が器用な2歳児は、ペットボトルの蓋の中から、気に入った色をつまんでみました。ゴムでつながっているので、ビヨーンと伸びてびっくり。

Part 2 手指・動作のおもちゃ

79

0歳児 1歳児 2歳児

突っ張りトンネル

カラフルな素材をつり下げた、見ているだけでもワクワクするお手軽トンネルです。

子どもの姿 はいはいで移動する。動くものを目で追ったり触ろうとしたりする。

おもちゃの特徴 はいはい・触る・見る

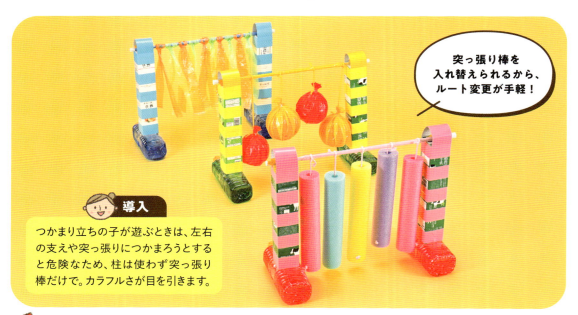

突っ張り棒を入れ替えられるから、ルート変更が手軽！

導入
つかまり立ちの子が遊ぶときは、左右の支えや突っ張りにつかまろうとすると危険なため、柱は使わず突っ張り棒だけで。カラフルさが目を引きます。

主な材料

突っ張り棒、牛乳パック、ペットボトルなど

製作時間のめやす

★★☆

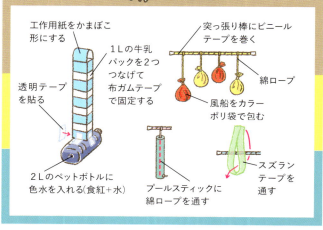
作り方

- 工作用紙をかまぼこ形にする
- 透明テープを貼る
- 1Lの牛乳パックを2つつなげて布ガムテープで固定する
- 2Lのペットボトルに色水を入れる（食紅＋水）
- 突っ張り棒にビニールテープを巻く
- 綿ロープ
- 風船をカラーポリ袋で包む
- プールスティックに綿ロープを通す
- スズランテープを通す

80

実践例

言葉かけ: 風船トンネルでーす！

はいはいレース、スタート！

トンネルを設置すると、すぐにはいはいの体勢になり、あっという間にゴール！「よーい、どん！」が嬉しくて、何度も繰り返します。

つり下げた素材にタッチ！

左右の柱を外して保育者が突っ張り棒を持ち、子どもが届くか届かないかの高さに調整。手を伸ばしたりジャンプしたりして、タッチしようとしました。

風船はカラーポリ袋で包めば、万が一割れても安心

ジャンプ、ジャーンプ！

Part 2 手指・動作のおもちゃ

図形の型はめパズル

視認性のよい色を、基本の丸、三角、四角の図形と組み合わせました。どの向きでも収まる形がポイントです。

子どもの姿 色や形の違いを認識している。パズル遊びをする。

おもちゃの特徴 形・色・はめる

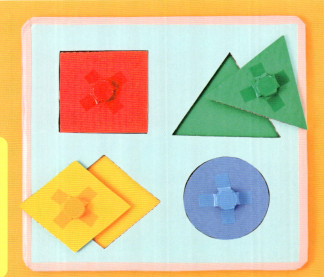

ペットボトルの蓋の持ち手がつかみやすい

導入
1つだけ型から外して出しておきます。「丸いね。こっちは三角。おにぎりと同じ形だね」などと、形に興味をもてるような言葉をかけてもよいでしょう。

 主な材料

段ボール板、ペットボトルの蓋など

 製作時間のめやす

 作り方

段ボール板に画用紙と図書フィルムを貼る

ペットボトルの蓋を接着剤で貼った上から、ビニールテープで留める

段ボール板に型と同じ色の画用紙を貼るⒷ

ⒶをⒷに重ねて貼り、縁をビニールテープで保護する

画用紙を貼った段ボール板を型通りに切り抜き、全面に図書フィルムを貼るⒶ

実践例

どうやって遊ぶのかな？

しばし観察していた1歳児。はっきりとした色づかいがヒントになり、座って型はめにチャレンジ。

「おんなじ！」

同じ形のものをピックアップ

別のおもちゃに、型はめと同じ三角形のものがあることに気がつき、持ってきて見比べます。平面と立体ですが、同じ図形と認識しています。

アレンジ例

土台とパーツの色を変えると難易度アップ。挑戦が好きな子もさらに楽しめるでしょう。

「四角は赤」

慣れてくると、「これはここ」と横で伝える友だちに、答えはしませんがその順番に置いて、自然と一緒に遊ぶような姿が。

Part 2　手指・動作のおもちゃ

0歳児 1歳児 2歳児

お散歩ぞうさん

よちよち歩きからのおともにぴったり♪ついて回るぞうさんで、歩く意欲アップ！

子どもの姿　よちよち歩きや歩行の意欲がある。

おもちゃの特徴　 歩行・引っ張る・愛着

導入

「ぞうさんとお散歩する？」とひもを渡します。室内の広いスペースに誘って、安全を確保しましょう。

愛着も増す、ぞうさんタイプ

しっぽまでキュートに！

主な材料

空き箱、綿ロープ、木綿地など

製作時間のめやす

★★☆

作り方

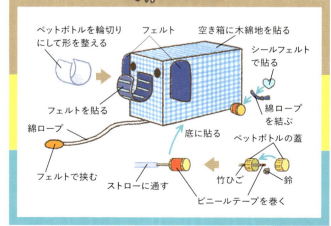

- ペットボトルを輪切りにして形を整える
- フェルト
- 空き箱に木綿地を貼る
- シールフェルトで貼る
- フェルトを貼る
- 綿ロープ
- フェルトで挟む
- ストローに通す
- ビニールテープを巻く
- 底に貼る
- 綿ロープを結ぶ
- ペットボトルの蓋
- 竹ひご
- 鈴

実践例

向かい合って引っ張る

よちよち歩きの子は、ひもを引っ張るとぞうさんが寄ってくることに気づき、数歩歩いては止まって振り返り、楽しみました。ぬいぐるみも乗せてもらいました。

「先生、のーせーて」

後ろを振り返りながら歩く

歩行が安定している子は、歩きながら時折振り返ってぞうさんを確認。引っ張る強さも調節します。

「ついてきてるかな？」

💡 アレンジ例

子どもの好きな生き物や、個人マークをモチーフに作っても。空き箱の大きさは、子どもがまたがりたくならないサイズに留めましょう。

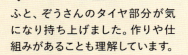

ふと、ぞうさんのタイヤ部分が気になり持ち上げました。作りや仕組みがあることも理解しています。

Part 2 手指・動作のおもちゃ

0歳児 1歳児 2歳児

ポチッと！ボックス

思う存分ボタンを押せるボックスです。さまざまな押し心地になるよう工夫しました。

 子どもの姿 バスやエレベーターのボタンを押したがる。簡単なごっこ遊びを楽しむ。

 おもちゃの特徴 押す・ごっこ・比べる

導入
「ボタンがいっぱいあるよ！」「バナナだね」などと、子どもの興味に沿った言葉かけで、おもちゃに誘います。力を込めやすい、机の上で遊ぶのが◎。

大きさや色、絵柄が違って楽しい！

 主な材料

段ボール板、スポンジ、紙コップなど

 製作時間のめやす

★★★

作り方

- 紙コップに8か所切り込みを入れる
- 切り込みを入れ輪ゴムを十字にかける
- 重ねる
- 短く切ったトイレットペーパー芯
- カラー紙コップを重ねて補強する
- 段ボール板に画用紙を貼りパーツに合わせて切り取る
- ペットボトルの蓋をスポンジに貼る
- 段ボール板の左右にスポンジを貼り高さを出す
- 上から貼る
- 接着剤で貼る
- スポンジ
- 段ボール板に画用紙を貼る
- 背面に貼る
- シリコン型にスポンジを詰めて貼る
- 画用紙
- 周りに片段ボールを巻いて貼る
- スズランテープを詰めたカプセル容器

実践例

運転士になりきって出発進行!

運転席のような見た目にテンションアップ。「しゅっぱーつ」と、それぞれのボタンを押しました。

しゅっぱーつ!

言葉かけ
星のボタンはどんな硬さかな?

押し心地の異なるボタンを比べる

ボタンの素材をさまざまにしたり、中にスポンジを詰めたりといった工夫で、押した感触も異なります。順番に押し比べているようでした。

遊びの展開例

2歳児なら、ボタンに役割を割り振って、保育者がしゃべったり、特定の動きをしたりしても。慣れてきたら役割を交代したり、子ども同士で遊んだりしましょう。

くまさんピッ!

くまさんくまさん♪

Part 2 手指・動作のおもちゃ

つまんでひねって取っ手ボード

100円均一で買える引き出しの取っ手が集合。子どもの「やってみたい」を叶えます。

子どもの姿
スプーンやフォークを使って食事をする。蛇口をひねることに意欲をもつ。

おもちゃの特徴
つまむ・ひねる・回す

導入
手首をひねる動作は、食具や鉛筆の扱いにも影響します。まずは保育者が取っ手を回して、動かし方を見せましょう。

いろいろな素材の取っ手や、回してみたくなる蓋がいっぱい！

主な材料

引き出しの取っ手、段ボール板など

製作時間のめやす

★★★

作り方

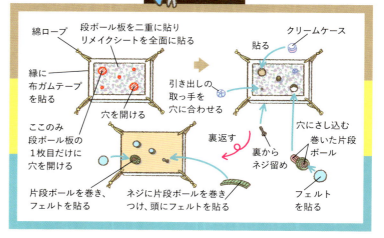

- 綿ロープ
- 段ボール板を二重に貼りリメイクシートを全面に貼る
- 縁に布ガムテープを貼る
- 穴を開ける
- ここのみ段ボール板の1枚目だけに穴を開ける
- クリームケース
- 貼る
- 引き出しの取っ手を穴に合わせる
- 裏返す
- 裏からネジ留め
- 穴にさし込む
- 巻いた片段ボール
- 片段ボールを巻き、フェルトを貼る
- ネジに片段ボールを巻きつけ、頭にフェルトを貼る
- フェルトを貼る

実践例

言葉かけ
> キラキラきれいね。
> くるくるすると
> もっときれいかな？

まずはキラキラの取っ手をくるくる

ドアノブのようにひねりの限界はないので、好きな方向につまんでくるくると回せます。うまく回せたので、隣の取っ手も回してみました。

> こっちも回したい

クリームケースの蓋もくるくる

取っ手よりも大きいので、指先に力を込めて、より細かい調節が必要になります。2歳児は器用に開け閉めしていました。

アレンジ例

クリームケースの蓋は、月齢に合わせた設置を。低月齢の子が遊ぶ際は、完全には取り外せないように、穴を開けて本体と綿ロープでつなぎましょう。

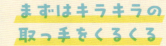

Part 2 手指・動作のおもちゃ

0歳児 1歳児 2歳児

くっつき的当て

ベースにトイクロスを使うことで、どこにでもくっついて嬉しい的当てです。

子どもの姿　ボール投げ遊びをする。色が数色わかる。

おもちゃの特徴 投げる・色・はがす

原色のトイクロスは視認性◎

導入
まずは、ボールを的からはがしてみるとよいでしょう。簡単に土台にくっつくことがわかり、安心してチャレンジできます。

 主な材料

トイクロス、面ファスナー、カラーボールなど

 製作時間のめやす

★☆☆

作り方

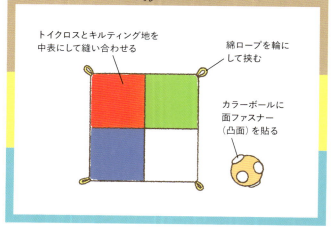

- トイクロスとキルティング地を中表にして縫い合わせる
- 綿ロープを輪にして挟む
- カラーボールに面ファスナー（凸面）を貼る

実践例

近くから投げてみる

当たるだけでボールがくっつくことがわかり、安心してチャレンジ。まずは的のすぐ近くから投げてみました。

くっついて大喜び！

思った通りにくっつき、大喜び。何度もはがしては投げて楽しみました。慣れてきたら少しずつ距離を延ばして。

遊びの展開例

色をねらって投げても。色がわかる子は、ボールと同じ色のゾーンに当てるなど、簡単なルールを追加してもよいでしょう。

Part 2 手指・動作のおもちゃ

卵のスナップ

卵のスナップを開けてみると、中には…。スナップのつけ外しで手指の巧緻性も育みます。

 子どもの姿 スナップボタンに興味をもつ。絵本や歌で、知っている生き物が増えてくる。

 おもちゃの特徴 スナップ・やりとり・くっつける

1枚続きでスナップをはめやすい！

導入
「ころころたまご」の手遊び歌や、卵の絵本を読んだあとに出してみましょう。

かめさんもいるよ

 主な材料

スナップ、フェルト

 製作時間のめやす

★★☆

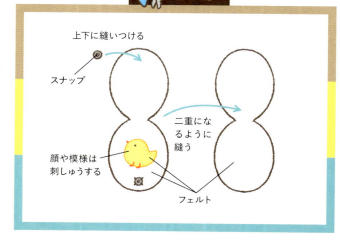

作り方

上下に縫いつける
スナップ
二重になるように縫う
顔や模様は刺しゅうする
フェルト

実践例

ぱちんと引っ張って かめさん発見！

保育者の言葉かけで、早速卵を引っ張って開けてみました。絵本で見たかめが出てきて、嬉しそうです。

どの卵に いるかな？

生き物を覚えた2歳児は、「ひよこさんはどの卵だったかな？」と、卵の生き物当てクイズに発展。「これかな？」とワイワイ盛り上がりました。

かめさん！

こっちかな？

これは違ったね

スナップを 合わせることに挑戦！

外すことに慣れてきたら、スナップを留める方もやってみたくなりました。卵のすき間からのぞいて、じっくり取り組みます。

アレンジ例

卵を二枚貝に見立てて、中の生き物を海にまつわるものにしても。子どもたちの興味によって、モチーフを変えて楽しみましょう。

Part 2 手指・動作のおもちゃ

ペーパー芯のひも通し

目と手の協応動作や集中力が育まれる、ひも通し。パーツは持ちやすく、穴が見やすいペーパー芯で作りました。

子どもの姿 好きな遊びに集中して取り組む。

おもちゃの特徴 つかむ・通す・考える

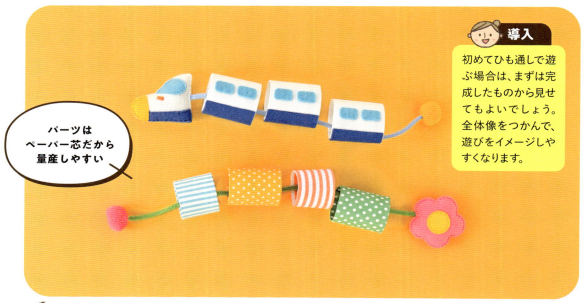

パーツはペーパー芯だから量産しやすい

導入
初めてひも通しで遊ぶ場合は、まずは完成したものから見せてもよいでしょう。全体像をつかんで、遊びをイメージしやすくなります。

 主な材料

ペーパー芯、綿ロープ、フェルトなど

 製作時間のめやす

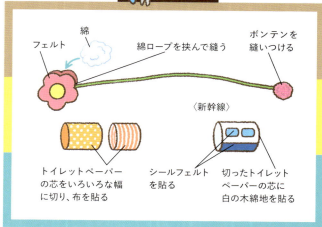

作り方

- フェルト
- 綿
- 綿ロープを挟んで縫う
- ボンテンを縫いつける

〈新幹線〉

- トイレットペーパーの芯をいろいろな幅に切り、布を貼る
- シールフェルトを貼る
- 切ったトイレットペーパーの芯に白の木綿地を貼る

実践例

大好きな新幹線が登場！

初めてひも通して遊ぶ1歳児。保育者が完成した新幹線をガタンゴトンと出すと、走らせてみたくなり、新幹線の頭部分を持ちました。

言葉かけ
新幹線、到着しました

パーツが外れることに気がつく

新幹線の頭部分はストッパーの役割のため、両手で支えず動かすとパーツが外れていくことに気がつき、パーツを抜くことに興味が移りました。全部抜けたら保育者に、戻してほしいとアピール。

アレンジ例

ストッパー部分を電車などで作ってもOK。P120「プールスティック」の輪切りにしたものと遊び比べも楽しめます。

実践例

1つずつ丁寧に通していく

細かい遊びが好きな子は、穴の出口側からひもを迎えにいくように、手を持ち替えながら通していきます。集中していたので、保育者はそばで見守りに徹することに。

集中…

黙々…

全部通せた！

時間をかけて完成！

全てのパーツを通し終えて、達成感あふれる表情です。だんだん長くなってくると、最後は立って、パーツを落とすように通しました。

0歳児　1歳児　2歳児

着せ替えアームカバー

アームカバーは、靴下の着脱練習にぴったり！ お気に入りの布は、ぬいぐるみの服にもなります。

子どもの姿　自分で着替えようとする。ぬいぐるみに愛着をもって遊ぶ。

おもちゃの特徴 伸ばす・はめる・引っ張る

赤ちゃん用のぬいぐるみにぴったりサイズ！

導入　凹凸の少ないぬいぐるみに着せて、「お着替えしよう」と誘いましょう。子どもの好きな色や柄で用意するとよいでしょう。

Part 2　手指・動作のおもちゃ

 主な材料

木綿地、平ゴム

 製作時間のめやす

作り方

木綿地を筒状に縫う

筒の上下を三つ折りにして縫い、平ゴムを入れて絞る

実践例

両手を使って脱がせようとする

ぬいぐるみを片手で押さえて、もう一方の手で引っ張ると少しずつ脱げることがわかり、力の込め方を調整します。

着せてあげたい！

脱がせるよりも難易度が上がります。足だけ入れる、机に誘導するなど、様子を見ながら手伝ってもよいでしょう。

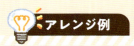

アレンジ例

アームカバーの長さが短いほど、簡単です。1歳児の初めの頃は短いものをたくさん用意して、チャレンジ意欲につなげるのもよいでしょう。

暖かくしてあげる

足に通して履いてみる

なかなか足が通りませんが、爪先を動かしたり、布をたぐり寄せたりして、諦めずに時間をかけて取り組んでいた1歳児。

足が出ない！

もう少し…

保育者に助けを求める

うまくいかないと判断すると、保育者を呼んで手伝ってもらいました。少しだけ補助してもらうと、膝まで上げることに成功。

こっちの足も入れるの！

もう片方の足も入れてみようと試みる姿も。

遊びの展開例

両手を使える足よりも、腕に通すのはさらにレベルアップ。こちらもまずは、はめたものを外すところから遊びましょう。

Part 2 　手指・動作のおもちゃ

スポンジ型はめ

基本の図形にプラスして、柔らかいスポンジを使った型はめにしました。

 子どもの姿 形の違いがわかる。保育者や友だちと簡単なやりとりを楽しむ。

 おもちゃの特徴 形・落とす・はめる

導入
ボックスに貼った図形とスポンジを当てて「お月様、おんなじね。上の穴はどこに合うかな？」と、スポンジを当てて一緒に確かめてもよいでしょう。

柔軟なスポンジなので落とす感覚を味わえる

中の傾斜でスポンジがすぐに出てくる

 主な材料

スポンジ、段ボール箱など

  製作時間のめやす

★★★

 作り方

 ※段ボール箱の側面を上にする

 段ボール箱に画用紙を貼り、全面に透明テープを貼る

 中が坂になるように段ボール板を貼る

切り取る　厚めのスポンジを型に合わせて切る

100

実践例

次々に図形を落とす

保育者の様子を見て遊び方を理解した1歳児。スポンジを型にはめて落としました。「ぽっとん!」のかけ声がうれしくて何度も繰り返します。

友だちと一緒に

2歳児は落とす側と拾う側に分かれました。落とすとすぐに出てくるのがおもしろくて、自然と役割分担ができました。

アレンジ例

硬さの異なるスポンジの型も用意すると、落とすときの力の調節も養えます。

落ちてくるところが見たくなり、保育者に落としてもらいました。

Part 2 手指・動作のおもちゃ

0歳児 1歳児 2歳児

S字フックのフルーツの木

ビタミンカラーのフルーツたちを、どんどん引っかけたくなる大きな木。子どもの身長に合わせて設置します。

子どもの姿：細かいものをつまんだり、手首を使ったりして遊ぶ。

おもちゃの特徴：引っかける・つまむ・つなげる

1つずつでも長くつなげても楽しい！

導入：ワイヤーネットに、いくつかS字フックを引っかけて出しておきます。壁と床に立てかけても、高さを出して貼ってもOK。

主な材料

S字フック、ワイヤーネットなど

製作時間のめやす

★★☆

作り方

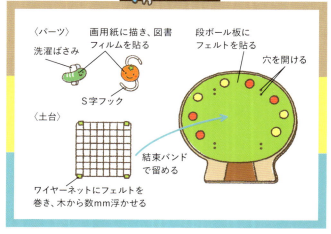

〈パーツ〉
- 洗濯ばさみ
- 画用紙に描き、図書フィルムを貼る
- S字フック

〈土台〉
- 段ボール板にフェルトを貼る
- 穴を開ける
- 結束バンドで留める
- ワイヤーネットにフェルトを巻き、木から数mm浮かせる

 **実践例**

長くつなげてぶら下げる

りんごの下に、バナナを引っかけて、長くしてみました。保育者の「次はどのくだものにする?」の問いかけに、オレンジを持ってにっこり。

（ここに引っかけよう）

洗濯ばさみのあおむしさんも

ワイヤーネットに挟んでも、フルーツに挟んでもOK。挟む場所を決めてから開くと、つけやすそうでした。

 言葉かけ

バナナ、一緒だね

 **アレンジ例**

モチーフは、さるやりすなどの動物で作っても。ワイヤーネット部分の段ボール板をくり抜くと、低月齢児はより引っかけやすくなります。

おもちゃの近くにたまたまあったバナナの絵を見て、一緒! と当てました。

野原の滑り台

0歳児 1歳児 2歳児

みんな大好き、屋内遊具の滑り台を牛乳パックで作りました。幅広い座面と斜面がポイントです。

 子どもの姿 体を動かして遊ぶ。気に入った遊びを繰り返し楽しむ。

 おもちゃの特徴 はいはい・歩行・滑る

導入 広いスペースを確保してから出しましょう。滑り台の両脇にマットなどを敷いて、安全に。

- 全面テープコーティングでお手入れ楽々！
- 側面はミラーシートで華やかに

作り方

〈斜面パーツ〉
- 牛乳パックを赤線通りに切り分ける
- 赤線部分を切り取る
- 組み合わせる
- 牛乳パックにじゃばら折りにした新聞紙を詰めて補強する
- 側面に段ボール板を貼る
- 透明テープで貼り合わせる
- 画用紙で装飾し、全面に透明テープを貼る
- ミラーシート

※座面と斜面の段ボール板は二重にします。

 主な材料

牛乳パック、段ボール板、新聞紙など

 製作時間のめやす

★★★

実践例

保育者に支えてもらってお座り

憧れの滑り台に初挑戦した0歳児。保育者の支えで、座ってみました。初めての感覚にちょっぴりドキドキ。斜面が広く安心です。

「キャー！」

 言葉かけ

それ、シューッ

背中を押して！

0歳児クラスの高月齢児は一人で滑ってみたくて、「押して！」と保育者に手伝ってもらいました。成功体験を積み重ねて、少しずつ挑戦していきます。

遊びの展開例

長い坂道は、カラーボールやカプセル容器を転がしたくなりそうです。滑る時間と転がす時間を分けて遊ぶとよいでしょう。

Part 2 手指・動作のおもちゃ

実践例

順番を守って

みんなが遊びたい滑り台は、滑り終わった子が離れてから、次の子が滑るよう伝えます。

横のマットやシーツは踏まないルールにすると、階段まで戻るのに自然と時間を確保できます。

ミラーシートを発見

お花の中心が鏡になっていることに気がつきました。今、滑る気分でない子も、そばで楽しむことで、仲間意識が育ちます。

0歳児　1歳児　**2歳児**

ふきふききれいきれい

クリアファイルに描いた水性ペンを歯ブラシやたんぽで消すと、何が出てくるかな？

子どもの姿　簡単なルールがわかる。ゲーム性のある遊びを好む。

 おもちゃの特徴　消す・探す・たどる

Part 2　手指・動作のおもちゃ

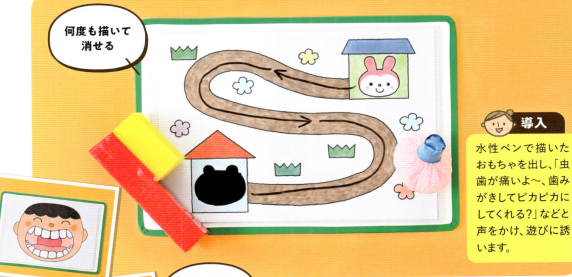

「何度も描いて消せる」

「中の絵を入れ替えて遊べる」

導入
水性ペンで描いたおもちゃを出し、「虫歯が痛いよ〜、歯みがきしてピカピカにしてくれる？」などと声をかけ、遊びに誘います。

主な材料
クリアファイル、マイクロファイバータオル、スポンジなど

製作時間のめやす

作り方

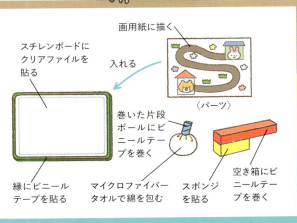

- スチレンボードにクリアファイルを貼る
- 縁にビニールテープを貼る
- 画用紙に描く 〈パーツ〉
- 入れる
- 巻いた片段ボールにビニールテープを巻く
- マイクロファイバータオルで綿を包む
- スポンジを貼る
- 空き箱にビニールテープを巻く

107

実践例

歯みがきして あげよう

スポンジの歯ブラシで、虫歯の歯をゴシゴシ…。遊びの中で生活習慣にも触れることができます。

言葉かけ

ムシバイキン、ピカピカにしちゃおう

たんぽに持ち替えて ゴシゴシ

水性ペンで描いてから少し時間が経っていたので、汚れが意外と手強く、より力が伝わりやすいたんぽに持ち替えて消しました。

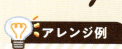

アレンジ例

絵を写真に変えて黒くぬり隠し、「誰かな？」と当てっこ遊びを楽しんでも。歯ブラシの太さは子どもの手の大きさに合わせて、何本か用意すると、さらにスムーズです。

くねくね道を
たどって…

迷路を消しながらたどる

たんぽで道をなぞってゴールにいる動物が誰かを当てました。道部分も水性ペンで矢印をつけ足すと、道筋がわかりやすいようでした。

くまさん
だった！

自分でも描いてみたい！

ゴールのくまさんを見つけて、顔がほころびます。自分でも水性ペンで描いてみたくなり、このあと保育者と一緒に描いては消してを楽しみました。

すごーい！

Part 2 手指・動作のおもちゃ

あーん、パックン！

くまさんにごはんをどうぞ。手で、スプーンで、口に食べものを運んだらパックン！と口がスイングします。

 子どもの姿 手でものをつかんで離す。スプーンの練習をする。細かいものをつまむ。

 おもちゃの特徴 つかむ・落とす・ファスナー

導入 子どもの発達により、スプーンやトングも用意するとよいでしょう。くまの顔が子どもの目線になるように設置します。

洗濯ネットで食べたものが落ちる様子が見やすい

主な材料

洗濯ネット、スチレンボード、工作用紙など

製作時間のめやす

★★★

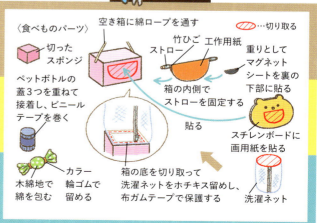

作り方

〈食べものパーツ〉
- 切ったスポンジ
- ペットボトルの蓋3つを重ねて接着し、ビニールテープを巻く
- 木綿地で綿を包む
- カラー輪ゴムで留める

空き箱に綿ロープを通す
竹ひご　ストロー　工作用紙
箱の内側でストローを固定する
重りとしてマグネットシートを裏の下部に貼る
スチレンボードに画用紙を貼る
箱の底を切り取って洗濯ネットをホチキス留めし、布ガムテープで保護する
洗濯ネット
…切り取る

実践例

スプーンにのせて、あーん

食べものをスプーンにのせて、口に運びます。入れるとスイングする口や、食べものが落ちる様子がおもしろくて、次々に食べさせました。

ファスナーを開けて取り出す

洗濯ネットのファスナーも自分で開けました。1つずつ食べものを取り出します。

どうぞー

入れていいよ

💡 アレンジ例

食べものは、スプーンに合う大きさのままごと食材などを活用しても手軽です。P160「縫わない食べもの」を交ぜてもよいですね。0歳児では、大きいパーツのみを手づかみで遊びましょう。

友だちが食べさせるときにバランスが取れるよう、くまを支える姿も見られました。手助けする気持ちが育っている2歳児でした。

Part 2 手指・動作のおもちゃ

どんぐり迷路

0歳児　1歳児　**2歳児**

カラフルなストローと輪ゴムで道筋を変えられる迷路です。ビー玉や、拾ってきたどんぐりを活用して。

 子どもの姿
根気強く挑戦しようとする。自分なりに工夫して試してみる。

 おもちゃの特徴
転がす・操作する・考える

カラフルでつけ替え簡単！

 導入

まずは保育者がやって見せましょう。興味をもったら、必要に応じて支えるなどの援助を。初めは少ない数の輪ゴムから遊びましょう。

 **主な材料**

有孔ボード、ストロー、カラー輪ゴムなど

 製作時間のめやす

★★☆

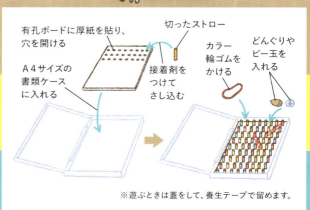 **作り方**

有孔ボードに厚紙を貼り、穴を開ける
切ったストロー
接着剤をつけてさし込む
A4サイズの書類ケースに入れる
カラー輪ゴムをかける
どんぐりやビー玉を入れる

※遊ぶときは蓋をして、養生テープで留めます。

実践例

「できないかも…」

言葉かけ：一緒に転がしてみよう

難しくてくじけそう

やってみたい気持ちと、難しくて投げ出したい気持ちの狭間で揺れながらも、保育者と一緒に転がします。

言葉かけ：よく転がるようになったね！

要領をつかんで楽しくなってきた！

だんだんと傾ける角度や力の入れ具合の感覚をつかみ、どんぐりがコロコロ転がるように。長い時間、遊んでいました。

「うまく転がった！」

向きを変えると迷路が変わる

書類ケースの向きを変えて持つと、ルートも変わります。横向きや縦向き、前後を入れ替えて、繰り返し遊びました。

📎 **遊びの展開例**

スタートとゴールはカラー輪ゴムの色を決めるなど、ごく簡単なルールを設定してゲーム性をアップしても。

Part 2　手指・動作のおもちゃ

0歳児 1歳児 **2歳児**

お花のボタンつなぎ

操作性がよいサイズ感の、お花のボタンおもちゃ。全部はめると、花束が完成します。

子どもの姿　自分で着替えたい意欲が高まっている。ボタンのつけ外しに興味をもつ。

おもちゃの特徴　 ボタン・通す・つなげる

「切りっぱなしのお花なので用意しやすい！」

導入
初めは、1つだけお花をはめると完成する状態で出して、「花束を完成させよう！」と誘いましょう。輪っかのお花は、綿テープが重なる部分で適度に援助を。

 主な材料

ボタン、フェルト、綿テープなど

 製作時間のめやす

★★★

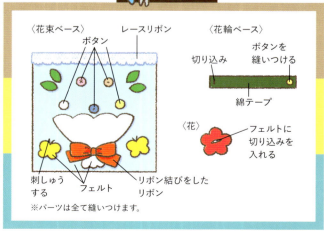

〈花束ベース〉　レースリボン　〈花輪ベース〉
ボタン　切り込み　ボタンを縫いつける
綿テープ
〈花〉フェルトに切り込みを入れる
刺しゅうする　フェルト　リボン結びをしたリボン
※パーツは全て縫いつけます。

114

実践例

ボタンのはめ方をチェック

最初は、途中まで保育者にボタンを通してもらい、穴から引っ張り出してはめました。だんだんと自分でやってみたい気持ちが膨らみます。

言葉かけ
赤いお花をつけたら完成だね

片手で押さえて片手で引っ張る

両手で違う動きをするので何度か失敗し、それでも黙々と続けます。最後は花束の花を全てつけることができました。

輪にした花輪ベースのボタンに、上からお花を重ねて、花冠に。

アレンジ例

花束ベースの端に、ボタンと、ループ状にした綿ロープを追加します。何枚か作り、ベース同士をボタンでつなげて、大きな花束を作るアレンジも、創造性アップにおすすめです。

Part 2 手指・動作のおもちゃ

115

番外編

遊びの幅が広がる
素材を楽しむおもちゃ

身近な素材を使って、簡単な準備ですぐに楽しめるおもちゃ5点を紹介します。それぞれ単発で遊ぶ他、子どもたちの興味に応じて、遊びを発展させてもよいでしょう。

完成〜！

自然物を集めて貼った「ぺったんバッグ」。このまま掲示するのも素敵です。

自然物

- 園庭やお散歩で見つかる
- 季節を感じられる
- 手触りや匂いがおもしろい
- 同じ物が1つもない

＋アイテムで楽しむ ぺったんバッグ

段ボール板に穴を開けてリボンを通す

ゲルテープか強力両面テープを貼る

※ゲルテープは、100円均一で購入できます。

ゲルテープのはくり紙をはがすところから挑戦！ 指先でしっかりつまみます。

番外編　素材を楽しむおもちゃ

何見つけたの？

早速、見つけた落ち葉をぺったん！

言葉かけ
ザワザワって音がするね。風が気持ちいいね

風で木の葉がザワザワと揺れる音に、時折耳を澄ませる姿も。ふだん以上に、自然物に注目します。

117

飾って楽しむ

ジッパー袋に入れた自然物を、段ボール板にテープで固定して、壁に設置。眺めたり、感触を楽しんだりと、室内で季節感を味わえるボードです。

室内に直接置くのが難しい砂や、細かい木の実なども、子どもの手の届くところに設置できます。

赤いツブツブ！

長いプールスティックを並べて、道ができました。思わず体が動き出します。

- カラフル
- 軽い
- 長さがあるが簡単にカットできる
- 水に浮く

長いまま遊ぼう

「軽〜い」

背丈ほどの長さがありますが、軽いので、子どもでも運べます。

番外編　素材を楽しむおもちゃ

「曲がれる道にしたよ」

道路や線路に見立てて、車を走らせてみました。

の〜んびり♪

いかだのように並べてそっと寝転んでみました。空気を含む素材なので、ほんのり温かい！

輪切りにして遊ぼう

大人なら、カッターでサクッとカットできます。出しておくと、トングで挟んでお盆に並べ始めました。手指の操作性向上にもつながります。

＼かんぱーい！／

保育者と1つずつ手に持ちかんぱーい！

ドーナツに見立てて、モグモグ…。

ドーナツおいしいね。黄色はレモン味？バナナ味かな？

＼指が入った！／

+アイテムで楽しむ プラステン風

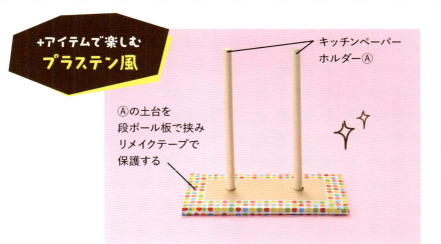

キッチンペーパーホルダーⒶ

Ⓐの土台を段ボール板で挟みリメイクテープで保護する

ホルダー部分に1つずつ、輪切りにしたプールスティックをさして残りを出しておくと、自然と遊びが始まりました。積み方にも個性が出るようです。

とにかく速くたくさん積みたい！

同じ色を順番に！

番外編 素材を楽しむおもちゃ

+アイテムで楽しむ 綿ロープ

ひも通しの要領で、好きな色をどんどん通します。

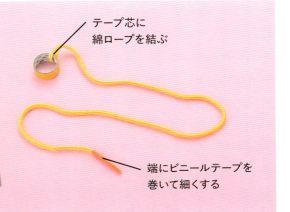

テープ芯に綿ロープを結ぶ

端にビニールテープを巻いて細くする

飾って楽しむ

ぼくのは…

言葉かけ
いろんな色があるね

OPP袋に丸シールやビニールテープを自由に貼り、パンチで穴を開けたら、たこ糸に通してつるします。風に揺れる様子や触れ合う音もきれいな作品に。

丸シール・ビニールテープ

- 色や大きさ、形がさまざま
- 貼ってはがせる
- 持ち運びに便利
- たくさん用意しやすい

新聞紙・紙

- 軽い
- 畳める
- 同じ大きさを用意しやすい
- 破ったり丸めたりできる

番外編 素材を楽しむおもちゃ

＋アイテムで楽しむ 丸シール探し

丸シールは、油性ペンでりんごやみかんにしても。窓や壁に貼って、切り込み部分から新聞紙をビリビリ破きます。

窓に貼ると、丸シールが透けて、はがすところの手がかりに！

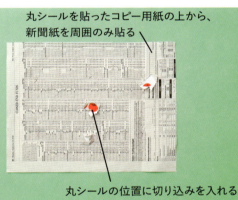

丸シールを貼ったコピー用紙の上から、新聞紙を周囲のみ貼る

丸シールの位置に切り込みを入れる

さらに新聞紙をビリビリ破ります。裂けやすい縦方向に切り込みを入れて用意すると、力をかけやすくなります。

言葉かけ
小さく
ちぎれたね！

ビリ
ビリ

もっと小さく
しよう…

新聞紙を破いて、中のりんご丸シールを取り出せたら、コピー用紙も破っていきます。新聞紙との硬さの違いにも気がつきました。

破ったものを全てビニール袋に入れたら、口を閉じて、つなげた輪ゴムで留めます。

りんごボール
完成！

りんごボールで遊ぼう

言葉かけ
タッチできるかな？

番外編 素材を楽しむおもちゃ

りんごボールにタッチやキックを！ 存分にビリビリ破ったあとは、ボールにすれば片づけもしやすいです。柔らかいボールなので、室内でも安心して遊べます。

スパゲッティー大盛りでーす

2歳児以降のままごと遊びにおすすめ。色ごとに食材に見立てて遊びが広がります。

お皿ごと移し替え！

花はじき・チェーンリング

- カラフル
- 同じ形でたくさん用意しやすい
- 見立て遊びで何にでもなる
- 音も楽しい

1つのチェーンリングに5〜6個つなげる

花はじきを、細いゴムで10個ずつまとめる

単体で楽しむ

大量に用意して、手を突っ込むようにすると、ジャラジャラとした音や感触を味わえます。

+アイテムで楽しむ 毛糸玉

20回巻いた毛糸の真ん中を結ぶ

ままごと遊びの見立てに、より幅が広がります。かさ増しにも◎。緑の野菜に見立てて炒めました。

番外編　素材を楽しむおもちゃ

+アイテムで楽しむ ぽっとん箱

空き箱を装飾して上部をくり抜く

下部をくり抜き、内側からOPP袋を貼る

「順番だよ」

下の窓から見える！

コンパクトなぽっとん落としに。落ちるたびにシャラン♪と鳴る音も心地よいようです。

ぽっとん落としからイメージが膨らみ、
ペーパー芯に1つずつ落とす遊びに発展しました。

たくさんたまった♪

番外編 ● 素材を楽しむおもちゃ

+アイテムで楽しむ
カプセル容器マラカス

カプセル容器に
花はじき・チェーンリングを入れて蓋をし、
ビニールテープをしっかりと巻く

言葉かけ
リズムが
いいね♪

チャッ
チャッ

蓋をしっかり閉めれば、1歳児も楽しめるマラカスに！ カラフルな色合いも興味を引きます。

131

言葉かけ
海みたいだね

大きなオーガンジーを頭上で広げて、優しく上下させました。透け感が楽しめるので、風船を入れるとより盛り上がります。

オーガンジー

- 透け感がある
- 色や大きさがさまざま
- 柔らかい
- 軽い

つるして楽しむ

言葉かけ
こっちに先生いるよ～

低めに設置して、はいはいでトンネルくぐりのように遊びました。向こう側に保育者がいることがわかり、スピードアップ！

落ち着く…♥

ひもなどでつるすと、天井までの空間が狭められ、落ち着いて過ごせます。

番外編 ● 素材を楽しむおもちゃ

小さめのオーガンジーを何枚かつるして、うちわであおぎ、風にそよぐ様子を楽しみました。

隠して楽しむ

言葉かけ
赤色のボール、あるかな?

めくってもいい?

箱や囲いにカラーボールを入れて、上からオーガンジーをかけました。透け感がヒントになって、何度もめくって探しました。

見立て・遊びが Part 3

お着替えくるくる

一緒に遊びましょう♪

変わりマント＆ステッキ

思考・社会性の発達フロー

〜1歳
- 自我の芽生え
- 身振りをまねする
- 一人遊び
- 簡単な見立て

1歳半
- 再現遊び

2歳〜
- 自我の拡大
- 簡単なルールのある遊び
- 友だちと遊びたい気持ちが出てくる
- ごっこ遊び
- 要求を言葉にする
- イヤイヤ期
- 空想を膨らませる

広がるおもちゃ

どこでも輪っか棒

ごちそう作りまーす

ジョイントマットキッチン

ごっこ遊びやなりきり遊びで同じイメージを共有するなど、想像次第でさまざまな遊びに活用できるおもちゃを紹介します。

やわらか積み木

0歳児 1歳児 2歳児

スポンジと木綿地で作った柔らか積み木。丸洗いできるので、清潔を保てます。

子どもの姿 積み木を積んだり崩したりする。簡単な見立てを楽しむ。

おもちゃの特徴 重ねる・調節する・見立て

導入 カラフルさや、大きさの違いに気づけるように伝えながらおもちゃを出してみましょう。

落としても踏んでも安全な柔らか感触！

 主な材料

スポンジ、木綿地

 製作時間のめやす

 作り方

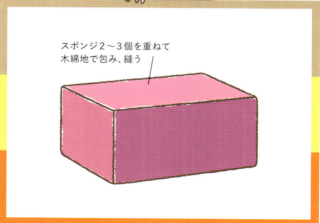

スポンジ2〜3個を重ねて木綿地で包み、縫う

実践例

積み木を崩したい！

積み木は積むよりも崩す方が簡単。1歳児は触るとバラバラと落ちる様子がおもしろく、保育者が積んだ積み木を何度も崩しました。

言葉かけ: わあ、全部落ちたね

どーん！

そーっと載せてね

協力して遊ぶ

通常の積み木よりも柔らかいため、高くなるにつれて支えが必要です。2歳児では、協力して積み上げる姿が見られました。

Part 3 見立て・遊びが広がるおもちゃ

実践例

何度も挑戦

高く積みたくて縦に重ねてみました。バランスを取るのが難しく崩れますが、諦めずに繰り返し挑戦します。当たっても痛くないので、安心して遊べます。

また崩れちゃった！

もう1回やりたい！

アレンジ例

上手に積み重ねたい場合は、中身を重ねたジョイントマットにすると、硬度がアップします。

見立て遊びに発展

ふわふわとした感触を楽しむうちに思いつき、頭に載せて「帽子！」洋服と同じ黄色を選んだところがポイントだそう。

小さなぬいぐるみの机に見立てて、お皿をどうぞ。シンプルな作りが、子どもの豊かな想像力をかきたてます。

進んでお片づけ

カゴにポイポイ投げ込める気軽さも魅力です。

Part 3 見立て・遊びが広がるおもちゃ

変わりマント&ステッキ

0歳児 1歳児 2歳児

ごっこ遊びで活躍するマントは、面ファスナーの位置がポイント！ キラキラステッキで雰囲気もアップ。

子どもの姿 キャラクターや大人に憧れをもち、再現遊びやごっこ遊びを楽しむ。

おもちゃの特徴 空想・面ファスナー・ごっこ

ステッキは鈴入りで音が鳴る♪

導入
子どもの遊びに合わせて「マントつけてみる？」など、自然と身につけたくなるよう声をかけましょう。引きずらない長さで作りましょう。

 主な材料

木綿地、面ファスナー、ラップフィルムの芯など

 製作時間のめやす

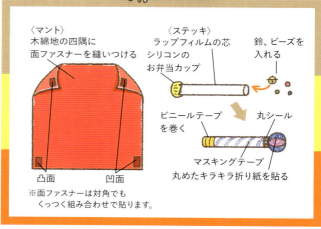

作り方

〈マント〉
木綿地の四隅に面ファスナーを縫いつける
凸面　凹面
※面ファスナーは対角でもくっつく組み合わせで貼ります。

〈ステッキ〉
ラップフィルムの芯
シリコンのお弁当カップ
鈴、ビーズを入れる
ビニールテープを巻く
丸シール
マスキングテープ
丸めたキラキラ折り紙を貼る

実践例

変身してなりきり！

マントにしてヒーローに、巻きスカートにしてプリンセスに…。子どもたちのなりきりごっこ遊びにイメージをプラスします。

えいっ

リン リン〜♪

言葉かけ
プリンセス、踊りましょう！

舞踏会だよ〜

四隅を合わせてお買い物バッグに

面ファスナーは対角でもくっつくように作っているので、風呂敷のように包むことができます。バッグにしてお買い物ごっこをしました。

遊びの展開例

数人で遊べる子たちなら、マントを何枚かつなげて電車ごっこに。ステッキで発車合図を鳴らしましょう。

リン リン

Part 3 見立て・遊びが広がるおもちゃ

143

0歳児 **1歳児** **2歳児**

お着替えくるくる

牛乳パックのブロックを1つずつ回して、お着替えしよう！ どの組み合わせにしようかな？

子どもの姿　自分で衣服の着脱をしようとする。お人形を使ったやりとり遊びを好む。

おもちゃの特徴 組み合わせる・やりとり・想像

組み合わせさまざま！

導入
二面をそろえておき、「寒そうだね、どの上着になったら暖かいかな？」などと、回して絵柄が揃えられることを伝えましょう。

 **主な材料**
牛乳パック、丸ゴムなど

 製作時間のめやす

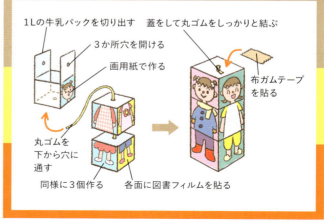

作り方
- 1Lの牛乳パックを切り出す
- 3か所穴を開ける
- 画用紙で作る
- 丸ゴムを下から穴に通す
- 同様に3個作る
- 各面に図書フィルムを貼る
- 蓋をして丸ゴムをしっかりと結ぶ
- 布ガムテープを貼る

144

実践例

「伸びた！」

おもちゃを触って観察

まずはさまざまな角度からおもちゃを観察しました。引っ張ってみると、ブロックをつなぐ丸ゴムが伸びてびっくり！ ものの性質も確かめます。

言葉かけ
「パジャマに着替えられたね！」

好きな組み合わせで

季節やシーンに合わせた服装で、頭からつま先まで、ブロックを揃えました。背景色が同じなので、目印になります。

Part 3 見立て・遊びが広がるおもちゃ

「今日の服とおんなじ柄♪」

好みの色や服のパーツをそれぞれ組み合わせて、自由な服装を選んでも楽しい！

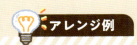

アレンジ例
顔部分を、子どもの写真にしたり、ぬり絵をした服を組み合わせたりするのも、愛着につながります。

145

実践例

空想を広げて変身！

魔法のステッキを使っておしゃれに変身！ イメージが膨らむよう、アイテムを追加しても。

「プリンセスにな〜あれ☆」

「こんにちは」

言葉かけ
こんにちは。
どこに行くの？

やりとり遊びに発展

お人形に見立てて「こんにちは」とやりとり遊びが始まりました。言葉を使ってやりとりすることで、語彙力や相手の気持ちを思いやる力が育ちます。

どこでも輪っか棒

延ばしたり輪っかにしたりつなげたり…。何かに見立ててさまざまに展開できるシンプルなおもちゃです。

子どもの姿　何かに見立てて遊ぶ。おもちゃを長くつなげて遊ぶ。

おもちゃの特徴　面ファスナー・つなげる・見立て

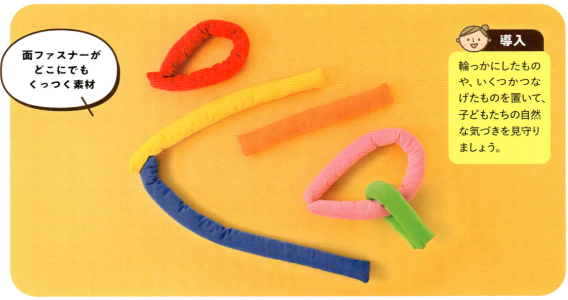

面ファスナーがどこにでもくっつく素材

導入　輪っかにしたものや、いくつかつなげたものを置いて、子どもたちの自然な気づきを見守りましょう。

Part 3　見立て・遊びが広がるおもちゃ

 主な材料

トイクロス、面ファスナー、綿

 製作時間のめやす

 **作り方**

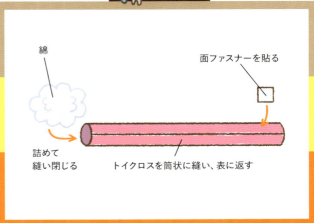

綿　　面ファスナーを貼る
詰めて縫い閉じる　　トイクロスを筒状に縫い、表に返す

実践例

腕にたくさん通してみた

長さが異なるので輪っかの大きさもさまざまです。いくつも腕に通してフリフリ。片腕に通したり外したりする動きは、握る力や着脱の練習にもつながります。

ふわふわしているよ

ブーン

大好きな車のハンドルに！

車のおもちゃに、輪っかにしたものを持ち込み、ハンドルに見立てて左右に動かします。ごっこ遊びをリアルに想像するのに一役買っています。

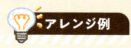

アレンジ例

P38「コロコロセンサリーボトル」を的にして、輪投げの輪っかにしても。何本かつなげて輪っかを大きくするのも盛り上がりそうです。

大きな輪っかを並べると…

保育者が手伝って長い棒をつなげると、カラフルで大きな輪っかができました。床に置くと、しばらく見比べていました。

ジャンプ、ジャンプ！

大きな輪っかを見ているうちに、何だかワクワクしてきて、輪っかから輪っかへとジャンプ！ 何度も繰り返すうちに、友だちも集まってきました。

ぴょん！

Part 3 見立て・遊びが広がるおもちゃ

遊びの展開例

トイクロスを使っているので、面ファスナーがどの位置にもくっつきます。保育者が突っ張り棒のように1本を少し高い位置で持ち、子どもたちが好きなところにくっつけたり、はがしたりしても。手指の巧緻性の他、高さの調節によっては、全身運動にもつながります。

手袋パペット

0歳児 1歳児 2歳児

カラー手袋であたたかみを出しながら、縫う部分を減らしてパペットを手軽に作りましょう。

 子どもの姿　興味のあるものを見たり触ったりする。大人のまねをして楽しむ。

 おもちゃの特徴　やりとり・はめる・空想

紙コップの顔はつけ替え可能

導入
保育者がパペットをはめて動物になりきり、話しかけましょう。絵本を読む前などに活躍させても。

 主な材料

カラー手袋、カラー紙コップなど

 製作時間のめやす

作り方

- 三指にはめる
- 画用紙で作る
- カラー手袋に布用接着剤でフェルトを貼る
- カラー紙コップの底を切り取る

※子ども用サイズの動物は、トイレットペーパーの芯で作ります。

実践例

言葉かけ: タッチしよう！

キュートなくまに釘づけ

保育者が「○○ちゃん、おはよう」と優しく声をかけながらくまを動かすと、動きを止めてじっと観察する0歳児。次第にニコニコしながら手を伸ばしました。

私もつけてみたい！

1歳児は子ども用のカラー手袋で作ったコアラをはめてみました。保育者のくまと見比べながら、どのように指を動かすのかを確認しています。

アレンジ例

カラー紙コップやペーパー芯の顔は、つけ替えや量産が縫うより手軽。いくつか作ると、動物の種類を増やせます。子どもが顔を描いてもよいですね。

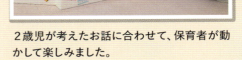

「コアラさんはここ、くまさんはこっち！」

2歳児が考えたお話に合わせて、保育者が動かして楽しみました。

Part 3 見立て・遊びが広がるおもちゃ

0歳児　1歳児　**2歳児**

お買いものごっこ

お買いものごっこにぴったりなハンドスキャナー、商品ボードに、お買いものバッグです。

子どもの姿　大人をまねて遊ぶ。バッグにものを入れたり運んだりする。

おもちゃの特徴　ごっこ・比べる・食育

ハンドスキャナーで憧れの店員さんに

導入
ままごとセットの近くに置くなど、レジのような配置を。最初は保育者が店員になって、ハンドスキャナーの存在を知らせましょう。

商品ボードは表裏でたっぷり！

作り方

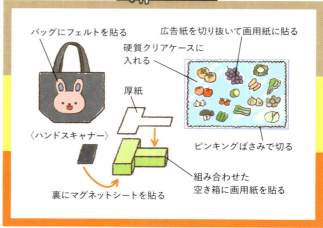

バッグにフェルトを貼る
広告紙を切り抜いて画用紙に貼る
硬質クリアケースに入れる
厚紙
〈ハンドスキャナー〉
ピンキングばさみで切る
裏にマグネットシートを貼る
組み合わせた空き箱に画用紙を貼る

主な材料

空き箱、硬質クリアケース、広告紙など

製作時間のめやす

152

実践例

店員さんとお客さんに分かれてお買いもの

お客さん役の子がお買いもの袋を持って座ると、店員役の子が、ままごとの食材をハンドスキャナーで読み込むしぐさをして見せました。

ピッピッ

どうぞ

ありがとう

受け取り、お買いもの袋へ

スキャンした食材はお買いもの袋へ。やりとりが楽しく、たくさん購入したあとは、お買いもの袋を肩から提げて満足気。

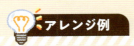

アレンジ例

お買いもの袋は、個人マークで作っても。商品ボードの中身は入れ替えできるので、子どもの描いた絵や、クラスで流行っているモチーフにするのもおすすめです。

どちらの役もやりたいので、交代できるよう、保育者が促します。

Part 3 見立て・遊びが広がるおもちゃ

実践例

お店屋さんごっこも

商品ボードをメニュー表に見立ててごっこ遊びに発展。注文する人とお店の人に分かれると、大好きなピザを頼みました。

バーコード表として活用

ハンドスキャナーで直接商品ボードを読み込むタイプのレジを思い出し、保育者にスキャンしてほしいところを指さして伝えます。

料理の食材探し

家庭でハンバーグを作ったことがあったので、保育者の投げかけで、ハンバーグ作りに使った食材を探してみました。食育にもつながります。

0歳児 1歳児 2歳児

コロコロ坂道ボール

手元で完結するコンパクトな坂道と、中身の異なるカプセル容器で、思う存分、転がせます。

子どもの姿　興味のあることを繰り返して遊ぶ。

おもちゃの特徴　転がす・比べる・操作する

中身によって転がり方が変わる！

導入
まずは保育者が転がして見せましょう。月齢に合わせて、カプセル容器の大きさや芯材パーツを選んでください。

Part 3　見立て・遊びが広がるおもちゃ

 主な材料

カプセル容器、段ボール箱、鈴など

 製作時間のめやす

★★☆

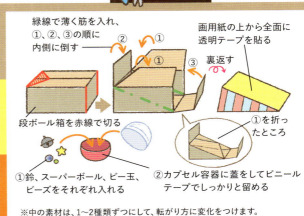

作り方

- 段ボール箱を赤線で切る
- 緑線で薄く筋を入れ、①、②、③の順に内側に倒す
- 画用紙の上から全面に透明テープを貼る
- 裏返す
- ①を折ったところ
- ①鈴、スーパーボール、ビー玉、ビーズをそれぞれ入れる
- ②カプセル容器に蓋をしてビニールテープでしっかりと留める

※中の素材は、1～2種類ずつにして、転がり方に変化をつけます。

155

振って触ってチェック

0歳児にカラフルなカプセル容器を手渡すと、振ってみたり両手で持ってじっと見たりしました。口に入らない大きめのものだけにしましょう。

言葉かけ
コロコロ真っ直ぐに進んだね！

うまく転がせた！

傾斜が固定された短い坂道なので、坂の上から手を離すだけで転がります。うまくできたことが自信になり、繰り返しやってみる意欲につながります。

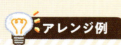 **アレンジ例**

転がり方の違いがわかる子は、中に入れるビー玉やスーパーボールの個数を増やしたり、どんぐりなどを入れたりしても。カプセル容器は卵形や円筒形のものを使ってもよいでしょう。

車も転がるかな？

156

細長いものを コロコロ

装飾したラップフィルムの芯やペーパー芯をコロコロ。バランスを取ってスタートさせるおもしろさがあります。

一緒に転がしてみよう

長い坂道に チャレンジ！

慣れてくると、長い坂道を転がしてみたくなり、滑り台で転がしてみました。短い坂道との転がり方の違いにも気がつきました。

Part 3　見立て・遊びが広がるおもちゃ

遊びの展開例

転がり方の違いに注目する子には、カラーボールなど別の素材を交ぜてもよいでしょう。他に、転がし方を工夫する子なら、ブロックなど面積が広いものを使ってカプセル容器をつついたり、傾斜のきつい場所を探したりするなど、子どもの興味によって、次に用意するものの調整を。

中身が異なるカプセル容器を一斉にスタートさせて、転がり方の違いを比較する姿も。

お野菜収穫畑

畑から野菜をスポッと収穫！ 調理前の食材の形も自然と認識できる野菜畑です。

 子どもの姿 食の好き嫌いが出てくる。ままごと遊びを好む。

 おもちゃの特徴 引き抜く・さし込む・食育

導入
葉っぱなどのパーツが少しのぞくように畑に野菜を深めにさして。「これは何の葉っぱかな？」などと、引っ張ってみたくなるよう誘いましょう。

下じきを挟んだ野菜が操作しやすい！

きのこはマグネットで原木風に

 主な材料
フェルト、下じき、かごなど

 製作時間のめやす
★★★

作り方

〈畑〉
フェルトで包み、両面テープで留める
巻いたエアパッキン
かご
結束バンドで留める

〈野菜〉
フェルト
下じきを挟んで縫う
裾を縫い絞る
〈きのこ〉綿を入れたフェルトをかぶせる
乳酸菌飲料の空き容器に椅子カバーをかぶせる
マグネットシートを貼る
マグネットをしっかりと貼る
ビニールテープ
ラップフィルムの芯

 実践例

丸ごと野菜を収穫！

葉っぱを引き抜いてみると、にんじんが姿を現しました。丸ごとに見覚えの少ない野菜もあれば、よく知っている野菜もありました。

言葉かけ
大きなにんじんさんが抜けたね！

言葉かけ
土と土の間をねらってごらん

植えつけに挑戦

エアパッキンの畝（うね）の間に、保育者と一緒に野菜をさし込んで植えつけました。野菜がスッと埋まっていく感覚がおもしろい！

フライパンで炒めよう♪

きのこを収穫

原木側のマグネットは面積が広いので、きのこのつけ外しが簡単。くっつく感触が不思議で、きのこ同士をくっつけようとする2歳児の姿も。

どうやってくっついているのかな？

Part3 見立て・遊びが広がるおもちゃ

0歳児 1歳児 2歳児

縫わない食べもの

あたたかみとボリュームのある食べものおもちゃが、縫わずに手軽に作れます。

子どもの姿 お弁当を楽しみにする。ままごと遊びを保育者や友だちと楽しむ。

おもちゃの特徴 ごっこ・詰める・食育

厚みのあるスポンジでふわふわ感アップ！

導入 量産しやすいところが魅力。各々が好みの調理やお弁当作りを楽しめるよう、多めに用意しましょう。

 主な材料

スポンジ、フェルト、段ボール板など

 製作時間のめやす

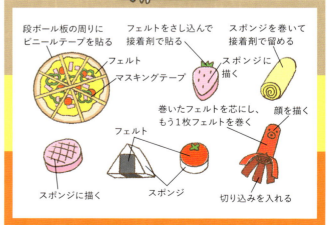

作り方

- 段ボール板の周りにビニールテープを貼る
- フェルト
- マスキングテープ
- フェルトをさし込んで接着剤で貼る
- スポンジに描く
- スポンジを巻いて接着剤で留める
- 巻いたフェルトを芯にし、もう1枚フェルトを巻く
- 顔を描く
- スポンジに描く
- フェルト
- スポンジ
- 切り込みを入れる

実践例

大きなピザを見つけて
テンションアップ

食材の他に、完成した料理も用意することで、料理よりもやりとりに興味がある子も、スムーズに遊びに入ることができます。

ジュージュー

こんなお弁当にしたい！

タコさんウィンナーを
トッピング

フライパンで炒めたら、ピザに載せて新メニューのできあがり!? 組み合わせることも楽しんでいました。

じゃーん

お弁当箱に詰めて、理想のお弁当が完成！

アレンジ例

1歳半くらいの見立てが楽しめるようになる頃からは、丸、だ円、三角などのスポンジを用意しても。子どもたちの見立てに合わせて油性ペンで模様を描いて作るのも、愛着が湧きます。

Part 3 見立て・遊びが広がるおもちゃ

161

0歳児 1歳児 2歳児

おんぶリュック&ウエストポーチ

洗濯ネットをアレンジした、丸洗いができるリュックとポーチです。

子どもの姿　大人をまねたり、自分よりも小さい子をかわいがる気持ちが育ったりする。

おもちゃの特徴 背負う・ファスナー・ごっこ

形や大きさをアレンジしやすい

導入
おもちゃを見せて「つけてみる?」と誘いましょう。リュックにしてもおんぶひもに見立ててもOK。

 主な材料

洗濯ネット、綿テープ、面ファスナーなど

 製作時間のめやす

★★☆

作り方

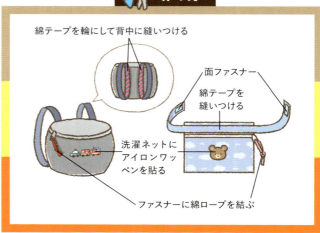

- 綿テープを輪にして背中に縫いつける
- 面ファスナー
- 綿テープを縫いつける
- 洗濯ネットにアイロンワッペンを貼る
- ファスナーに綿ロープを結ぶ

実践例

赤ちゃんを おんぶする！

1歳児は中にぬいぐるみを入れたリュックを背負わせてもらうと、ウキウキと別の保育者に見せに行きました。

言葉かけ
お姉さんだね〜！

いい子にねんねしてる？

鏡で自分の姿をチェック

背中のリュックを見ようと、鏡の前でくるくると動いてみます。おんぶをした自分の姿を客観的に見て、ふだん、おんぶをする大人と同じことを確かめます。

もうすぐごはんよ〜

おんぶしたまま 料理も

安定しているので、背負ったまま、ままごと遊びをする2歳児も。まるでお母さん、お父さんのようです。

Part 3 見立て・遊びが広がるおもちゃ

実践例

出し入れしやすい ウエストポーチタイプ

体の前面にくるウエストポーチは、おもちゃを出し入れするのに扱いやすいです。腰に巻く綿テープはどの子もつけやすいように、長めに作るのがおすすめです。

言葉かけ
おなかに
くまちゃんがいるね

ファスナーも 自分で閉められた！

ファスナー部分は綿ロープをつけてつかみやすくしているので、自分で開け閉めができます。片手で押さえて片手で閉めるという、左右で違う動きの練習にも。

アレンジ例

子どもの発達によって、リュックのひもにバックルをつけ加えたり、ウエストポーチの綿テープを、一周して前で留められるよう長くしたりしても◎。

折り畳み段ボールハウス

かさばる段ボールのおうちは、折り畳み式で収納できる作りに！

子どもの姿 狭いスペースで安心して過ごす。友だちがしていることに興味をもつ。

おもちゃの特徴 ごっこ・開ける・かがむ

開け閉めできる のぞき窓つき

導入 保育室の広いスペースに出しておきます。一度に入れる人数が限られるので、数を用意するか、少人数の時間帯から始めるとよいでしょう。

畳むとぺたんこに

 主な材料
段ボール板、綿ロープなど

 製作時間のめやす

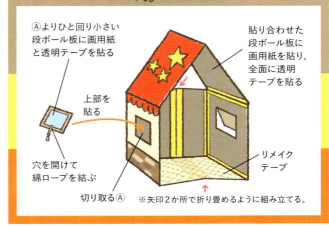

作り方
- Ⓐよりひと回り小さい段ボール板に画用紙と透明テープを貼る
- 上部を貼る
- 穴を開けて綿ロープを結ぶ
- 切り取るⒶ
- 貼り合わせた段ボール板に画用紙を貼り、全面に透明テープを貼る
- リメイクテープ
- ※矢印2か所で折り畳めるように組み立てる。

Part 3 見立て・遊びが広がるおもちゃ

 実践例

保育者とかくれんぼ

「〇〇くん、どこ行った〜?」という保育者の言葉に、おうちの中から「ばあ!」と顔を出しました。窓からも顔をのぞかせていました。

言葉かけ
あ！見つけた！
ばあ！

きゃあ！

窓からこんにちは

窓からぬいぐるみをさし入れると、中からツンツン。顔が見えない位置でのやりとりでも安心して過ごせます。

大判の布を持ち込めば、薄暗くて狭い、落ち着けるスペースに。

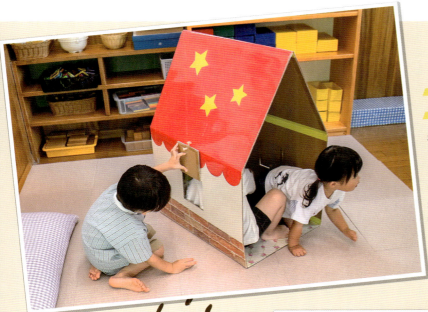

友だちと出たり入ったり

複数人で出入りを楽しみました。ギュウギュウに入ることもおもしろくて、遊びが盛り上がります。倒れないように目は離さず見守りましょう。

窓をトントン

友だちが入っていることがわかり、ノックしてみました。「はーい」と返事をもらって嬉しくなりました。

遊びの展開例

中に入った子が動物の鳴きまねをします。誰が隠れていて、何の動物のまねをしているのか、当てっこしましょう。中に入る子は交代しながら遊びます。

Part 3 見立て・遊びが広がるおもちゃ

変形パーテーション

0歳児 1歳児 2歳児

牛乳パックを3段積んだパーテーション。囲みの端は面ファスナー留めなので、広げて使うこともできます。

子どもの姿
つかまり立ちを楽しむ。落ち着いた空間で集中して遊ぶ。

おもちゃの特徴
安心・つかまり立ち・空想

上の面が道路に！

囲んでも延ばしても楽しい

導入
大型のおもちゃは、広いスペースで安全を確認してから遊びます。「囲まれて楽しいね」と声をかけ、安心できる場所であることを伝えて。

主な材料
牛乳パック、面ファスナー、柄入り折り紙 など

製作時間のめやす

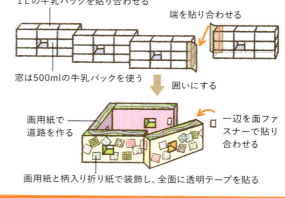

作り方
- 1Lの牛乳パックを貼り合わせる
- 端を貼り合わせる
- 窓は500mlの牛乳パックを使う
- 囲いにする
- 画用紙で道路を作る
- 一辺を面ファスナーで貼り合わせる
- 画用紙と柄入り折り紙で装飾し、全面に透明テープを貼る

168

実践例

閉じると狭い空間に

0歳児はスペースを仕切ってそれぞれが安心して遊べる空間を確保。囲まれているだけで、なんだかホッとするようです。

「ここはぼくの場所♪」

Part 3　見立て・遊びが広がるおもちゃ

つかまり立ちにもちょうどよい高さ

牛乳パックを横倒しに3段積むと、約21cm。つかまり立ちをするのに手をかけたくなる高さです。広げて延ばすと、つたい歩きもできます。

言葉かけ「こっちだよ〜」

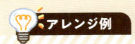

アレンジ例

牛乳パックを並べる数を変えると、囲い枠の大きさを変えられます。上の面は、子どもたちの興味によって、道路の他に、線路や川などの絵柄にしてもよいですね。

保育者がおもちゃを見せて声をかけると、興味をもってつたい歩きをしてきました。

169

 実践例

じっくりと車遊び

上の面に描かれた道路を見ると、車のおもちゃを持って中に入り、遊び始めました。何周もして満足な様子。

穴を発見！どうなっているの？

保育者が窓から積み木を入れると、穴があることを発見！中からのぞいたり、外側に手を伸ばして触ってみたり。好奇心を刺激します。

あら？積み木が出てくるよ 　言葉かけ

2歳児では、自分で窓を見つけて手を出し入れする姿が見られました。

ここに何か入れてみて〜

「こんにちは」

広げてシアターの舞台のように

広げて仕切りにすると、ちょっとした舞台のようにも。保育者がキャラクターを登場させると、子どもたちが集まりました。

2歳児には楽々またげる高さ。友だちがいるときはまたがないなど、ルールを伝えましょう。

遊びの展開例

子ども同士で仕切りを挟んで、お店屋さんごっこに発展させても。初めは保育者がお店屋さんになり、子どもたちに来てもらうのもよいでしょう。

Part 3 見立て・遊びが広がるおもちゃ

0歳児 1歳児 2歳児

ジョイントマットキッチン

ジョイントマットを立体的に組み合わせた、軽いキッチン。拡張もできて、実用的です。

子どもの姿
大人のまねをしたり、再現遊びをしたりする。

おもちゃの特徴
見立て・ごっこ・やりとり

面によっては二重に重ねて耐久性アップ！

開け閉めが楽しいパーツ

導入
軽くて扱いやすい分、動きやすいので、壁際にぴったりつけると、安全に遊べます。ままごとのフライパンや食材を載せておきましょう。

主な材料
ジョイントマット、結束バンドなど

製作時間のめやす
★★★

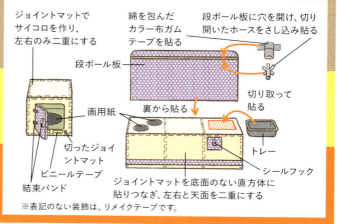

作り方

- ジョイントマットでサイコロを作り、左右のみ二重にする
- 綿を包んだカラー布ガムテープを貼る
- 段ボール板に穴を開け、切り開いたホースをさし込み貼る
- 段ボール板
- 画用紙
- 切ったジョイントマット
- ビニールテープ
- 結束バンド
- 裏から貼る
- 切り取って貼る
- トレー
- シールフック
- ジョイントマットを底面のない直方体に貼りつなぎ、左右と天面を二重にする

※表記のない装飾は、リメイクテープです。

実践例

水道でゴシゴシ

シンクで手洗いからスタート。ピカピカの銀色が嬉しい！家庭で保護者がすることをよく観察して、再現しています。

タオルハンカチがぴったり

シンクのすぐそばにタオルハンカチをかけて、再現遊びにリアル感をプラス。しっかりと手を拭くしぐさも見られました。

コンロで調理

丸く切った黒い画用紙を貼って、二口コンロに。お手伝い好きでふだんからキッチンに馴染みのある子が、フライパンに食材を載せて持ってきました。

焼くよー

Part3 見立て・遊びが広がるおもちゃ

実践例

ボックスタイプは活用しやすい

見立てによって使い方をアレンジできるボックスは、コンロ横に置くと、調理スペースの拡張に。できた料理を並べていきました。

冷蔵庫やレンジに見立てて

結束バンドの持ち手がついた扉は、思わず開け閉めしたくなります。冷蔵庫やレンジに見立てて、食材やフライパンを出し入れしました。

チンするよ

座っても 立っても遊べる

やや低めのキッチンなので、身長を問わず幅広く遊べます。使うスペースによっては、自然と膝立ちで調整していました。

Part 3 見立て・遊びが広がるおもちゃ

監修者

猪狩聖子（いがりせいこ）

社会福祉法人 みたか小鳥の森福祉会 みたか小鳥の森保育園に33年間在職、園長を務め、2024年定年退職する。現在は、同保育園で非常勤保育士として、広い視野から子どもたちや保育士を援助している。

協力

社会福祉法人 みたか小鳥の森福祉会 みたか小鳥の森保育園

０～２歳児の育ちに合わせた手作りおもちゃを用意し、子どもが主体的に過ごすことを目ざしている保育園。「乳幼児期の子どもの最善の利益を守る」「保護者・地域の多様な子育て要求を受け止め、助ける」等を理念として、親子ひろばや一時預かりも設けるなど、地域にひらけた運営をしている。

スタッフ

カバーデザイン	宮崎萌美（Malpu Design）
本文デザイン	佐藤春菜
ＤＴＰ	成田琴美（有限会社エルグ）
おもちゃ製作	いとう・なつこ、いわいざこまゆ、おおしだいちこ、尾田芳子、町田里美、みさきゆい、宮地明子
イラスト	わたいしおり
撮影	山路 歩夢、矢部ひとみ
撮影協力	有限会社クレヨン
編集協力	久慈里美、河野 麗（株式会社スリーシーズン）
編集担当	野中あずみ（ナツメ出版企画株式会社）

身近な素材で手軽に！ 楽しい！

0・1・2歳児　手作りおもちゃ

２０２５年３月７日　初版発行

監修者　猪狩聖子　　Igari Seiko,2025

発行者　田村正隆

発行所　株式会社ナツメ社
東京都千代田区神田神保町1-52　ナツメ社ビル1F（〒101-0051）
電話　03-3291-1257（代表）
FAX　03-3291-5761
振替　00130-1-58661

制　作　ナツメ出版企画株式会社
東京都千代田区神田神保町1-52　ナツメ社ビル3F（〒101-0051）
電話　03-3295-3921（代表）

印刷所　広研印刷株式会社

ISBN978-4-8163-7676-4　Printed in Japan

〈定価はカバーに表示してあります〉
〈落丁・乱丁本はお取り替えします〉

本書の一部または全部を著作権法で定められている範囲を超え、ナツメ出版企画株式会社に無断で複写、複製、転載、データファイル化することを禁じます。

ナツメ社Webサイト
https://www.natsume.co.jp
書籍の最新情報（正誤情報を含む）はナツメ社Webサイトをご覧ください。

本書に関するお問い合わせは、書名・発行日・該当ページを明記の上、下記のいずれかの方法にてお送りください。電話でのお問い合わせはお受けしておりません。

・ナツメ社 web サイトの問い合わせフォーム
https://www.natsume.co.jp/contact
・FAX（03-3291-1305）
・郵送（左記、ナツメ出版企画株式会社宛て）

なお、回答までに日にちをいただく場合があります。正誤のお問い合わせ以外の書籍内容に関する解説・個別の相談は行っておりません。あらかじめご了承ください。